U0642507

勿使前辈之遗珍失于我手
勿使国术之精神止于我身

李氏太極拳谱

〔清〕李亦畬 著

北京科学技术出版社

图书在版编目（CIP）数据

李氏太极拳谱 /（清）李亦畬著 . — 北京 : 北京科学技术出版社 , 2022.10

ISBN 978-7-5714-2346-9

Ⅰ . ①李… Ⅱ . ①李… Ⅲ . ①太极拳—套路（武术）Ⅳ . ① G852.11

中国版本图书馆 CIP 数据核字 (2022) 第 096834 号

策划编辑：王跃平　宋杨萍
责任编辑：苑博洋
责任校对：贾　荣
封面设计：何　瑛
责任印制：张　良
出 版 人：曾庆宇
出版发行：北京科学技术出版社
社　　址：北京西直门南大街 16 号
邮政编码：100035
电　　话：0086-10-66135495（总编室）　0086-10-66113227（发行部）
网　　址：www.bkydw.cn
印　　刷：保定市中画美凯印刷有限公司
开　　本：787 mm × 1092 mm　1/16
字　　数：25 千字
印　　张：14
版　　次：2022 年 10 月第 1 版
印　　次：2022 年 10 月第 1 次印刷
ISBN 978-7-5714-2346-9

定　　价：149.00 元

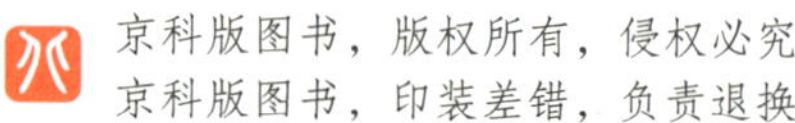

序一

我有幸生于太极拳世家，从小对太极拳耳濡目染。犹记得儿时爷爷（李光藩）带着懵懂的我早上去练太极拳和太极剑，我跟在爷爷身后一起练习的情景。有时候和爷爷在黄昏时一起练习推手，我总是能『轻而易举』地将爷爷推得弹退几步，那时的我常常扬扬得意，以为自己天赋异禀、功夫了得，殊不知那是爷爷为了哄我开心故意让着我。那也是我们爷孙俩异常幸福快乐的时光，而我从小便知道了太极拳的许多道理。

父亲（李志红）也常常带着我去参加太极拳会议和论坛，与三五好友切磋和探究拳理，他的言传身教让我对太极拳的理解也日益深厚。

我自幼深受『文以传家，武以立德』的家训影响，少年时习拳，青年时研习书法，随着学习的深入，我发现书法与太极拳所蕴含的道理殊途同归。例如，『虚灵顶劲，气沉丹田』大概是提起精气神，有一股力量向上走，与此同时，又有一股力量向下沉，这是一种平衡的力量，也就是我们老祖宗所说的中庸之道；而在书法练习中也常常需要在提笔、落笔时把握劲道的运用，使每一个笔画都有它自己的力道。我常常在练拳的时候思考书写的节奏，在书写时领略太极拳的精神，通过不断探究和思考，我更加深入地感受到中华传统文化的博大精深。

天祖李经纶，字亦畬，师承其母舅武禹襄。武禹襄先生是武式太极拳的开创者，天祖则是完善者。天祖自幼聪慧好学，博览群书。他博采众长，苦心钻研老庄学说，将《道德经》中朴素的哲学道理与太极拳理论完美结合，将自己独到的见解与练拳的实践相结合，另辟蹊径，把《王宗岳太极拳论》解释得更加通俗易懂。天祖呕心沥血几十年，完成了『老三本』《太极拳谱》，形成了一套完整和富有逻辑的太极拳知识体系，为我辈及后人指点迷津，为太极拳的发展做出了卓越贡献。

武式太极拳已历170余年，历经七代传承，其理论经过岁月的检验，历久弥新。若明拳理，便可懂得做人做事的道理和准则。例如，『内固精神，外示安逸』，指在与对方推手的时候，表面柔，内里刚，也可以说是一种示弱，但示弱并不代表真正的弱，而是一种外在表现形式，实则是真正的强，其核心是要达成某种目的，在关键时刻把对手打倒。这个道理在当代社会的人际交往中也能用到。真正强大的人并不是看起来多么强壮凶狠，而是表现很随和，实则内里强大，无坚不摧、无往不利。

祖父李光藩曾经历『文化大革命』，当时『老三本』其中重要的太极拳拳论和拳诀的手书条幅，差点儿保不住了，但是他当时心怀信念，与迫害他的人斗智斗勇，使『老三本』在艰难的条件下尽可能保留完整。这样惊心动魄的故事也让我满怀敬意，对自身的要求不敢松懈。希望我辈不论在何种环境和条件下，内心光明，不坠青云之志，文武双修，将朴素的哲学真理应用在生活和工作当中，成为一个更好的人，一个对社会有贡献的人。

武式太极拳第七代传人 李□□（签名）

公元二〇二二年六月十六日

序二 假若武林没有李亦畬

在中国武学界，尤其是太极拳界，李亦畬无人不晓。

光绪七年（1881年），李亦畬手书三册《太极拳谱》，一本自存，习称『自藏本』；一本交胞弟启轩（1835—1899年），习称『启轩本』；一本传弟子郝和（字为真，1849—1920年），习称『郝和本』。合而言之，称『老三本』。

假若武林没有李亦畬，就没有震惊学界的太极拳『老三本』。不单李氏、郝氏太极流派无所传承，孙派太极也可能不存在；武氏事迹及王宗岳的《太极拳论》或将默默无闻，甚至失传；陈家沟陈长兴将只是拳师杨露禅的一个老师，陈清平的影响力也可能仅限于赵堡一地，不为外界所知；太极拳的走向将彻底改变，可能会在许多地方失去影响力。

假若武林没有李亦畲，那么武林所见的太极拳就只有杨家拳；陈家沟没有王宗岳的拳论，且其拳法与杨家拳法有很大差别；杨家则可能成为张三丰、王宗岳拳法唯一的代表。

假若武林没有李亦畲，杨家拳谱将成为太极拳界的孤谱。没有了理论上的争鸣，太极拳研究热度或将骤减，陈家沟难以为外界所知。

实际上，正是李亦畬先生的存在及其贡献，在舆论上成功地推动杨露禅所传播的拳法——太极拳成为中国第一大名拳，令陈家沟之名响彻世界，使赵堡镇陈清平的太极拳传系名扬海内外。

学术上，李亦畬先生保存了中国武学最珍贵的拳谱文献之一《王宗岳太极拳论》，记录了其母舅武澄清、武禹襄得到该拳谱的来龙去脉，以及他们研习该拳谱的重要心得，揭示出杨露禅早期经历及其与武氏的关系。同时，他亲自实践、研修太极拳，不断总结提炼，将成果整理汇集成册，备份三本，交与家内家外，保留了珍贵的武学文化。

像李亦畬先生这样的人物，莫说太极拳界，在整个清代武学界也是屈指可数。与其同时代的绝大多数武人，限于各自的文化、思想、志向、修养、境界等，只是传承武术，很少有意识地去备份拳谱文献。

有道是『有其父必有其子』，李亦畬先生如此，其后人也如此。民国时期，其后人李福荫（1892—1943年，李启轩之孙）鉴于太极拳谱在门人弟子间辗转抄录过程中错讹颇多，遂将『老三本』之『启轩本』厘定次序、分编章节，在山西太原首次公开。自此至1936年数年间，油印、石印多次，惠泽山西武学界。

笔者多年来致力抢救民间拳谱文献，幸得李福荫先生整理的油印本，今日献出，附于本书之后，请同好共睹李福荫先生当年所公开之抄本，追思李氏家族贡献，促进学术研究，弘扬其学术精神。

对于民间武学藏本，挖掘、抢救、整理、保护、分享是才硬道理。清代李亦畬先生如此，今日学人亦当如此！

尊重历史、实事求是，才能经得起时间的考验。清代李亦畬先生如此，今日学人更当如此！

崔虎刚

公元二〇二二年五月二十日

于加拿大探微斋

目录

附录

《李氏太极拳谱》铅印本

（李光藩收藏）

李氏太極拳譜

李上畬先生輯著

沁縣邸仰濬題

太極拳譜

永年李經綸著

邱序

馬序

太極拳譜目次

附錄

邱序

吾國今日。內憂朋興。外患嚴重。國危民困。前此未有。論者謂為科學落後。產業衰微。挽救之道。莫急於經濟建設之推進。雖然國於大地。物質與精神並重。苟其國民失其立國的寶貫精神。則雖物質充裕。亦僅為猶太富人而已。殊難與世並存。我國數千年來。以無敵國外患之故。不特遺物質。偏重精神。而重文輕武之習慣。深中乎人心。遂致苟安是尚。泄沓成風。演成今日積弱不振之勢。九一八以來。遭亘古未有之變局。經南北兩度之戰敗。宜可以全國警惕。發奮有為矣。然而頹廢麻木之風氣。依然瀰漫上下。當激刺初來。未嘗無一時之衝動。形勢稍紓。惰性立見。中年無論已。即血

二

氣正盛之青年。酣嬉墮落者。固所在多有。此其原因。實由於國民體質不強。意志薄弱。不堪與惡劣環境久抗之故耳。是故論中國今日之病。不僅在物質之貧乏。尤在於精神之不振。救濟之法。一面在物質之建設。一面則須精神之改造。一般國民體魄的鍛鍊。遂不可緩。蓋有強健之體格。而後有強健之精神。始能担當艱難困苦之大事。中國今日。救亡圖存。建國興國之責。豈一般體質衰弱。精神委靡之國民。所能担任。非有堅強之體魄。與精神。必難與言戰勝惡劣環境。而獲保安全。是知改善國民體格。造成一般緊張剛勁之新風氣。實為救濟國難所必取之方策。歐戰敗後之德。國幾不國。然德志存復興。以改造國民體格。為國家政策之 。雖小學生。亦受嚴格鍛鍊。時僅十載。德已恢復其世界強國之地位。吾儕今日。當知所取法矣。

鍛鍊國民體格之方法。在歐美爲各項運動與比賽。我國近年。對於運動比賽之提倡。亦頗積極。惟每一運動場所之營闢。各項運動器具之設置。所費甚鉅。此資本主義社會中之產物。非吾地廣人衆。民貧財盡之國。所能普遍舉辦。故所謂運動比賽。亦僅行於學校教育範圍之內。社會大衆。尚難與焉。而救國事業。又非全國人民一致員動不可。此則有賴於吾國故有國術之提倡矣。蓋吾國國術之相傳。已有數千年之歷史。門類繁多。其旨深。其技絕。變化奇妙。氣象萬千。可以強筋骨。健氣魄。通血脈。凝神志者。世界各國。莫與倫比。隨地隨時。皆可練習。無場所營闢之煩。即欲購置器具。而所費極微。普遍光大。實爲吾民族強健體格。改造精神之唯一

良劑○使能提倡奬進○蔚爲風氣○則頹廢萎靡之積習○可不掃自除，救亡圖存○又奚他求○

惟吾國積習尚文○由來已久○士大夫階級○尤以使拳耍棒爲恥○習拳技者○非爲方外釋道○山林隱士○即爲保標賣藝○走江逛湖之徒○能文而精拳術者○實寡○以故拳術著作極少○蓋能文者○多不習拳術○精拳術者多不能文○而門戶派別之見○又囿痼人心○善良者○恐其挾技以爲害社會○又不肯輕以其術授人○名師大家○雖代不絕人○而精妙之傳不廣○自科學利器傳入中國後○國術益不爲人重視○老師名家○又相繼凋謝○國術眞傳益少○有志學習者○多以難得訣竅爲苦○又無前人著作○可爲參悟習練之資○此提倡國術者○所引爲憾者也○

吾國拳術。向有內外兩家之別。外家宗少林。內家宗武當。蓋以其習練行功之不同。而爲區分也。世言少林創自達摩。武當創自張三豐。三豐之傳。以太極拳爲高妙。今世尤慕重之。太極拳者。本太極陰陽動靜之理。而爲之拳式者也。非用功勤。而通易理者。難臻其妙。永年李亦畬先生。以清季名諸生。學太極拳於母舅武禹襄先生。武先生之技。得自河南溫縣趙堡鎮陳清平。陳氏之傳。爲清代太極拳北派之正宗。李亦畬先生。以畢生精力。研習此技。遂臻神化。於陳氏眞傳之外。尤多發明。蓋先生以積學明道之士。而盡瘁斯技。宜其造詣之軼倫絕羣也。晚乃以其所得。著爲太極拳譜。其中如五字訣。走架行工要言。擎引鬆放等。尤爲治太極拳之秘篇。而其取焉精。其用焉宏。直超越乎古今矣。先生文孫槐蔭。慷慨有志之士也。既憤國難之嚴重。復不敢𢡟秘先生之志。於是出先生之著。國國刊印行世。以爲今日提倡國術之助。余知此書之出。必將使吾國國術。大放異彩。而有志治太極拳者。得有所循轍　不至如今日之暗中摸索矣。余固樂爲一言。以冠篇首。是爲序。

中華民國二十四年仲春

山西沁縣邱仰濬拜序

馬序

太極拳術。技而進乎道者也。溯自李唐。以迨明季。抱殘守缺。代有傳人。而集大成者。則武當張三豐眞人也。故又稱武當派。蓋別於少林而言之。沿至清季。分爲南北兩宗。南則王征南。張松溪。黃百家。其最著者。北則河南溫縣趙堡鎭陳清平是也。之數人者。輾轉參習。均得三豐之眞髓。而近代大河以北。言斯技者。莫不首尊楊班侯。郝爲眞兩家。班侯露蟬之子也。露蟬親得之於陳家溝陳長興。家學淵源。祖武無忝。而爲眞則李亦畬先生之高足也。亦畬先生親受之於其母舅武禹襄先生。禹襄先生。親得其傳於趙堡鎭陳清平。且楊郝皆廣平府永年人。一脈相傳。守而無失。高山仰止。其可欽已。惟在昔習拳技者。多江湖無識之流。而士大夫研習者。

猶甚尠○間或有之○非山林隱逸之士○即方外釋道之倫○韜光養晦○與世無爭○嚴守禁條○不欲輕以精妙之技示人○職是之故○關于歷史之沿革○教授之方法○胥語焉不詳○啟迪無方○甚至以訛傳訛○各執一是○徒爲無益之爭○絕鮮發明之妙○躐等失次○每況愈下○靜焉思之○良堪浩嘆○若禹襄先生○爲永年潛修之老儒○而亦畬先生○亦其邑之名諸生也○不惟有師生之雅○而且屬姻戚之誼○故於太極拳法○朝夕研討○循序漸進○既授之以姿式○復傳之以心法○一旦豁然貫通○如佛家禪機頓悟○物來順順應○頭頭是道○故能于原譜之外○多所發明○提綱絜領○言簡意賅○使習之者○於先後緩急之中○得其竅要○小之可以延年益壽○大之可以禦侮保邦○其關係之重大○可知已○自民國紀元以來○朝野奮發之士○咸怵于國

勢之不振○民氣之消沉○亟思有以振勵而策勉之○於是乎於斯技也○大有突飛猛進之象○而最感興趣者○反多高冠博帶之士夫○因之深於理智者○多急於務博求知○而忽於守約苦習○於是陳派也○楊派也○李郝派也○吳（劍泉）王（茂齋）派也○亦如新興之學術與主義○萬派爭鳴○而莫衷一是○實則各家有各家之心得○各派有各派之特長○循序以進○有恒乃濟○舉一反三○全在頓悟○然提要鈎玄○非明澈全體○而不能精益求精○非沉靜有恒而不得○今李氏所保藏之拳譜○繁簡得宜○審中守正○有爲他譜散軼而未收者○有以經驗參悟而疏解原論者○有以躬行自得○而獨創新義者○如禹襄先生之太極拳解○亦畬先生之五字訣○以及敷蓋對吞之四字密訣○擎引鬆放之撒放密訣○虛實開合之圖○及走架打手行工要言等○皆爲

他譜所不詳。而武李二先生之深造。於此可見一班。古譜有云。先求開展。後求緊湊。而緊湊之中。尤重在不丟不頂。果能如是。則全體大用之效。不待詞費。而自然臻乎上乘矣。然則亦畬先生之於斯技。可爲中興之功臣矣。先生有嫡系文孫。名槐蔭。字子固。固余之道義交也。服務并門。素著聲譽。家藏此譜。不輕示人。近以時亂國危。乃欲公之於世。期收大用。於其發刊之始。囑余爲文。以叙簡端。噫淺陋如余。烏足以序此哉。重以子固之請。不敢藏拙。爰畧抒鄙見如右。凡有志研習者。果欲精練而深造之。自有原譜在。心誠求之。不恥下問。何難迎刃而解。是全在潛研默證有恒不輟而已。是爲序。

時中華民國二十四年花朝日稷山馬甲鼎立伯叙于晉陽僑寓之留客萬象樓

四

太極拳譜

第一章　太極拳釋名

太極拳○一名長拳○又名十三勢○長拳者○如長江大海○滔滔不絕也○十三勢者○分掤、攦、擠、按、採、列、肘、靠、進、退、顧、盼、中定也○掤攦擠按○即坎、離、震、兌○四正方也○採、列、肘、靠、即乾、坤、艮、巽○四斜角也○此八卦也○進步退步○左顧右盼○中定○即金木水火土也○此五行也○合而言之○曰十三勢○是技也○一着一勢○均不外乎陰陽○故又名太極拳○

第二章　十三勢架

第一節　身法

涵胸 拔背 裹襠 護肫 提頂 吊襠 鬆肩 沈肘

第二節 十三勢架

藍鵲尾 單鞭 提手上勢 白鵝亮翅 摟膝拗步 手揮琵琶勢 摟膝拗步 手揮琵琶勢 搬攬捶 如封似閉 抱虎推山 單鞭 肘底看捶 倒輦猴 白鵝亮翅 摟膝拗步 三甬背 單鞭 紜手 高探馬 左右起脚 轉身 踢一脚 踐步打捶 翻身二起 披身 踢一脚蹬一脚 上步搬攬捶 如封似閉 抱虎推山 斜單鞭 野馬分鬃 單鞭 玉女穿梭 單鞭 紜手下勢 更雞獨立 倒輦猴 白鵝亮翅 摟膝拗步 三甬背 單鞭 紜手 高探馬 十字擺連 上步指襠捶 上勢藍鵲尾 單鞭 下勢 上步七星 下步跨虎 轉脚擺連 彎弓射虎 雙抱捶

第三節　十三刀

按刀　青龍出水　風捲殘花　白雲蓋頂　背刀　迎墳鬼迷　振腳提刀　撥雲望日　避刀　霸王舉鼎　朝天一柱香　拖刀敗勢　手揮琵琶勢

第四節　十三杆

掤一杆　青龍出水　童子拜觀音　餓虎撲食　攔路虎　拗步　邪劈斜　風掃梅　中軍出隊　宿鳥入巢　拖杆敗勢　靈貓捕鼠　手揮琵琶勢

第五節　四刀法

裏剪腕　外剪腕　剉腕　撩腕

第六節四杆法四刀法同

平刺心窩　斜刺膀尖　下刺脚面　上刺鎖項

以上刀法杆法。俱用第一節身法。總要講究跟勁

第三章　山右王宗岳太極拳論

太極者。無極而生。陰陽之母也。動之則分。靜之則合。無過不及。隨曲就伸。人剛我柔謂之走。我順人背謂之粘。動急則急應。動緩則緩隨。雖變化萬端。而理唯一貫。由著熟而漸悟懂勁。由懂勁而階及神明。然非用力之久。不能豁然貫通焉。虛領頂勁。氣沈丹田。不偏不倚。忽隱忽現。左重則左虛。右重則右杳。仰之則彌高。俯之則彌深。進之則愈長。退之則愈促。一羽不能加。蠅虫不能落。人不知我。我獨知人。英雄所向無敵。蓋皆由此而及也。斯技旁門甚多。雖勢有區別。概不外壯欺弱。慢讓快耳。有力打無力。

手慢讓手快○是皆先天自然之能○非關學力而有也○察四兩撥千斤之句○顯非力勝○觀耄耋禦衆之形○快何能爲○立如枰準○活似車輪○偏沈則隨○雙重則滯○每見數年純功○不能運化者○率皆自爲人制○雙重之病未悟耳○欲避此病○須知陰陽○粘即是走○走即是粘○陽不離陰○陰不離陽○陰陽相濟○方爲懂勁○懂勁後○愈練愈精○默識揣摩○漸至從心所欲○本是舍己從人○多誤舍近求遠○所謂差之毫釐○謬之千里○學者不可不詳辨焉○是爲論○

解曰○先在心○後在身○腹鬆○氣斂入骨○神舒體靜○刻刻存心○切記一動無有不動○一靜無有不靜○視靜猶動○視動猶靜○動牽往來○氣貼背○斂入脊骨○要靜○內固精神○外示安逸○邁步如貓行○運勁如抽絲○全身意在蓄神○不在氣○在氣則滯○有氣者無

力○養氣者純剛○氣如車輪○腰如車軸○

又曰○彼不動○己不動○彼微動○己先動○似鬆非鬆○將展未展○勁斷意不斷○

第四章　歌訣

第一節　各勢白話歌

提頂吊襠心中懸　鬆肩沈肘氣丹田　裹襠肫護須下勢

涵胸拔背落自然　初勢左右懶扎衣　雙手推出拉單鞭

提手上勢望空看　白鵝亮翅飛上天　摟膝拗步往前打

手揮琵琶躲旁邊　摟膝拗步霍下勢　手揮琵琶又一番

上步先打迎面掌　搬攬捶兒打胸前　如封似閉往前按

抽身抱虎去推山　回身拉成單鞭勢　肘底看捶打腰間

倒輦猴兒重四勢　白鵝亮翅到雲端　摟膝拗步須下勢
收身琵琶在胸前　按勢翻身三甬背　扭頸回頭拉單鞭
紜手三下高探馬　左右起脚誰敢攔　轉身一脚栽捶打
翻身二起踢破天　披身退步伏虎勢　踢脚轉身緊相連
蹬脚上步搬攬打　如封似閉手向前　抱虎推山重下勢
回頭再拉斜單鞭　野馬分鬃往前進　懶扎衣服果然鮮
回身又把單鞭拉　玉女穿梭四角全　更拉單鞭眞巧妙
紜手下勢探清泉　更雞獨立分左右　倒輦猴兒又一番
白鵝亮翅把身長　摟膝前手在下邊　按勢青龍重出水
轉身復又拉單鞭　紜手高探對心掌　十字擺連往後翻
指膛捶兒向下打　懶扎衣服緊相連　再拉單鞭重下勢

上步就排七星拳　收身退步拉跨虎　轉脚去打雙擺連
海底撈月須下勢　彎弓射虎項朝前　懷抱雙捶誰敢進
走徧天下無人攔　歌兮歌兮六十句　不遇知己莫輕傳

第二節　十三勢行工歌訣

十三總勢莫輕識　命意源頭在腰隙　變轉虛實須留意
氣徧身軀不稍癡　靜中觸動動猶靜　因敵變化是神奇
勢勢存心揆用意　得來不覺費工夫　刻刻留心在腰間
腹內鬆靜氣騰然　尾閭正中神貫頂　滿身輕利頂頭懸
仔細留心向推求　屈伸開合聽自由　入門引路須口授
工用無息法自休　若言體用何爲準　意氣君來骨肉臣
詳推用意終何在　益壽延年不老春　歌兮歌兮百四十

字字眞切義無疑　若不向此推求去　枉費工夫遺歎惜

第三節　打手歌

掤攌擠按須認眞　上下相隨人難進　任他巨力來打我

撁動四兩撥千斤　引進落空合即出　粘連黏隨不丟頂

第四節　打手撒放

掤上平聲　業入聲　噫上聲　咳入聲

呼上聲　吭　呵　哈

第五章　河北永年武禹襄先生著述

一、太極拳解

身雖動○心貴靜○氣須斂○神宜舒○心爲令○氣爲旗○神爲主帥○身爲驅使○刻刻留意○方有所得○先在心○後在身○在身則不知手

之舞之足之蹈之○所謂一氣呵成○舍己從人○引進落空四兩撥千斤也○須知一動無有不動○一靜無有不靜○視動猶靜○視靜猶動○內固精神○外示安逸○須要從人○不要由己○從人則活○由自則滯○尙氣者無力○養氣者純剛○彼不動己不動○彼微動己先動○以己依人○務要知己○乃能隨轉隨接○以己粘人○必須知人○乃能不後不先○精神能提得起○則無雙重之虞○粘依能跟得靈○方見落空之妙○往復須分陰陽○進退須有轉合○機由己發○力從人借○發勁須上下相隨○乃一往無敵○立身須中正不偏，能八面支撑○靜如山岳○動若江河○邁步如臨淵○運勁如抽絲○蓄勁如張弓○發勁如放箭○行氣如九曲珠○無微不到○運勁如百鍊鋼○何堅不摧○形如搏兎之鵠○神似捕鼠之貓○曲中求直○蓄而後發○收即是放○連而不斷○

極柔軟○然後極堅剛○能粘依○然後能靈活○氣以直養而無害○勁以曲蓄而有餘○漸至物來順應○是亦知止能得矣○

二、十三勢說畧

每一動○惟手先著力○隨即鬆開○猶須貫串一氣○氣不外起承轉合○始而意動○既而勁動○轉接要一線串成○氣宜鼓盪○神宜內斂○勿使有缺陷處○勿使有凹凸處○勿使有斷續處○其根在腳○發於腿○主宰於腰○形於手指○由腳而腿而腰○總須完整一氣○向前退後○乃能得機得勢○有不得機得勢處○身便散亂○必至偏倚○其病必於腰腿求之○上下前後左右皆然○凡此皆是意○不是外面○有上即有下○有前即有後○有左即有右○若物將掀起○而加挫之之力○斯其根自斷○乃壞之速而無疑○虛實宜分清楚○一處自有一處虛實○

處處總此一虛〻實○週身節節貫串○勿令絲毫間斷○

三、四字密訣

敷敷者○運氣於己身敷布彼勁之上使不得動也○

蓋蓋者○以氣蓋彼來處也○

對對者○以氣對彼來處○認定準頭而去也○

吞吞者○以氣全吞○而入於化也○

此四字無形無聲○非懂勁後練到極精地位者○不能知○全是以氣言○能直養其氣而無害○始能施於四體○四體不言而喻矣○

第六章　河北永年李亦畬先生著述

一、五字訣附序

太極拳不知始自何人○其精微巧妙○王宗岳論詳且盡矣○後傳至河

南陳家溝○陳姓神而明者○代不數人○我郡南關楊君○愛而往學焉○專心致志○十有餘年○備極精巧○旋里後○市諸同好○母舅武禹襄○見而好之○常與比較○彼不肯輕以授人○僅得其大概○素聞豫省懷慶府趙堡鎮有陳姓名清平者○精於是技○逾年母舅因公赴豫省○過而訪焉○研究月餘○而精妙始得○神乎技矣○予自咸豐癸丑○時年二十餘○始從母舅學習此技○口授指示○不遺餘力○奈予質最魯○廿餘年來○僅得皮毛○竊意其中更有精巧○茲僅以所得○筆之後○名曰五字訣○以識不忘所學云○

清光緒六年歲次庚辰小陽月識

一曰心靜○

心不靜○則不專○一舉手前後左右全無定向○故要心靜○起初舉動

，未能由己。要息心體認。隨人所動。隨屈就伸。不丢不頂。勿自伸縮。彼有力我亦有力。我力在先。彼無力我亦無力。我意仍在先。要刻刻留意。挨何處心要用在何處。須向不丢不頂中討消息。從此做去。一年半載。便能施於身。此全是用意。不是用勁。久之則人爲我制。我不爲人制矣。

二曰身靈。

身滯則進退不能自如。故要身靈。舉手不可有呆像。彼之力方碍我皮毛。我之意已入彼骨內。兩手技撑。一氣貫穿。左重則左虛。而右已去。右重則右虛。而左已去。氣如車輪。週身俱要相隨。有不相隨處。身便散亂。便不得力。其病於腰腿求之。先以心使身。從人不從己。後身能從心。由己仍是從人。由己則滯。從人則活。能

從人○手上便有分寸○秤彼勁之大小○分釐不錯○權彼來之長短○毫髮無差○前進後退○處處恰合，工彌久而技彌精矣○

三曰氣斂○

氣勢散漫○便無含蓄○身易散亂○務使氣斂入脊骨○呼吸通靈○周身罔間○吸爲合爲蓄○呼爲開爲發○蓋吸則自然提得起○亦拏得人起○呼則自然沈得下○亦放得人出○此是以意運氣○非以力使氣也○

四曰勁整○

一身之勁○練成一家○分清虛實○發勁要有根源○勁起於脚根○主於腰間○形於手指○發於脊骨○又要提起全付精神○於彼勁將出未發之際○我勁已接入彼勁○恰好不先不後○如皮燃火○如泉湧出○

前進後退○無絲毫散亂○曲中求直○蓄而後發○方能隨手奏效○此所謂借力打人○四兩撥千斤也○

五曰神聚

上四者俱備○總歸神聚○神聚則一氣鼓鑄○練氣歸神○氣勢騰挪○精神貫注○開合有致○虛實清楚○左虛則右實○右虛則左實○虛實非全然無力○氣勢要有騰挪○實非全然占煞○精神要貴貫注○緊要全在胸中腰間運化○不在外面○力從人借○氣由脊發○胡能氣由脊發○氣向下沈○由兩肩收於脊骨○注於腰間○此氣之由上而下也○謂之合○由腰形於脊骨○布於兩膊○施於手指○此氣之由下而上也○謂之開○合便是收○開即是放○能懂得開合○便知陰陽○到此地位○工用一日○技精一日○漸至從心所欲○罔不如意矣○

二、走架打手行工要言

昔人云○能引進落空○能四兩撥千斤○不能引進落空○不能四兩撥千斤○語甚該括○初學未由領悟○予加數語以解之○俾有志斯技者○得所從入○庶日進有功矣○欲要引進落空○四兩撥千斤○先要知己知彼○欲要知己知彼○先要舍己從人○欲要舍己從人○先要得機得勢○欲要得己得勢○先要周身一家○欲要周身一家○先要周身無有缺陷○欲要周身無有缺陷○先要神氣鼓盪○欲要神氣鼓盪○先要提起精神○神不外散○欲要神不外散○先要神氣收斂入骨○欲要神氣收斂入骨○先要兩股前節有力○兩肩鬆開○氣向下沈○勁起於脚根○變換在腿○含蓄在胸○運動在兩肩○主宰在腰○上於兩膊相繫○下於兩胯兩腿相隨○勁由內換○收便是合○放即是開○靜則俱靜

○靜是合○合中寓開○動則俱動○動是開○開中寓合○觸之則旋轉自如○無不得力○纔能引進落空○四兩撥千○平日走架○是知己工夫○一動勢先問自己○周身合上數項不合○少有不合○即速改換○走架所以要慢不要快○打手是知人工夫○動靜固是知人○仍是問己○自己要安排得好○人一挨我○我不動彼絲毫○趁勢而入○接定彼勁○彼自跌出○如自己有不得力處○便是雙重未化○要於陰陽開合中求之○所謂知己知彼百戰百勝也○

胞弟啟軒嘗以毬譬之○如置毬於平坦○人莫可攀躋○强臨其上○向前用力後跌○向後用力前跌○譬喻甚明○細揣其理○非舍己從人○一身一家之明證乎○得此一譬○引進落空○四兩撥千斤之理○可盡人而明矣○

三、十三勢行工歌解

以心行氣。務沈著。乃能收歛入骨。 所謂命意源頭在腰隙也。

意氣須換得靈。乃有圓活之趣。 所謂變轉虛實須留意也。

立身中正安舒。支撐八面。行氣如九曲珠。無微不到。 所謂氣遍身軀不稍癡也。

發勁須沈著。鬆靜。專注一方。 所謂靜中觸動動猶靜也。

往復須有摺。進退須有轉換。 所謂因敵變化是神奇也。

曲中求直。蓄而後發。 所謂勢勢存心揆用意。刻刻留心在腰間也。

精神能提得起。則無遲重之虞。 所謂腹內鬆靜氣騰然也。

虛領頂勁。氣沈丹田。不偏不倚。 所謂尾閭中正神貫頂。滿身輕利頂頭懸也

以氣運身。務順遂。乃能便利從心。 所謂屈伸開合聽自由也。

心爲令。氣爲旗。神爲主帥。身爲驅使。 所謂意氣君來骨肉臣也。

四、論虛實開合

左虛右實之圖

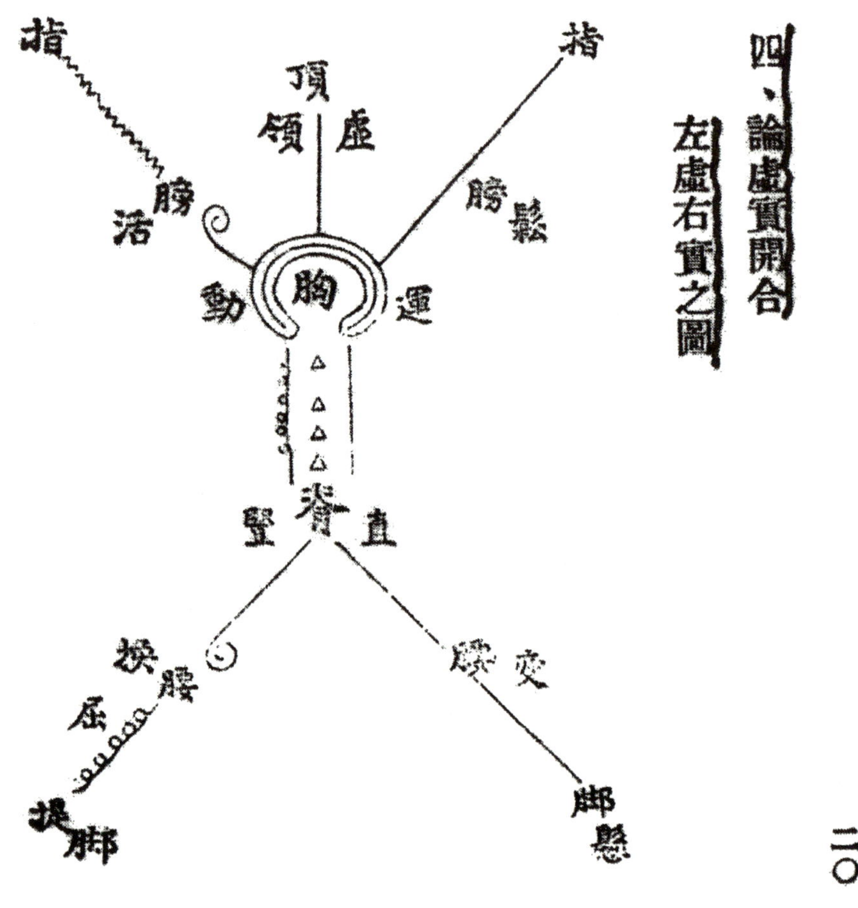

右虛左實之圖

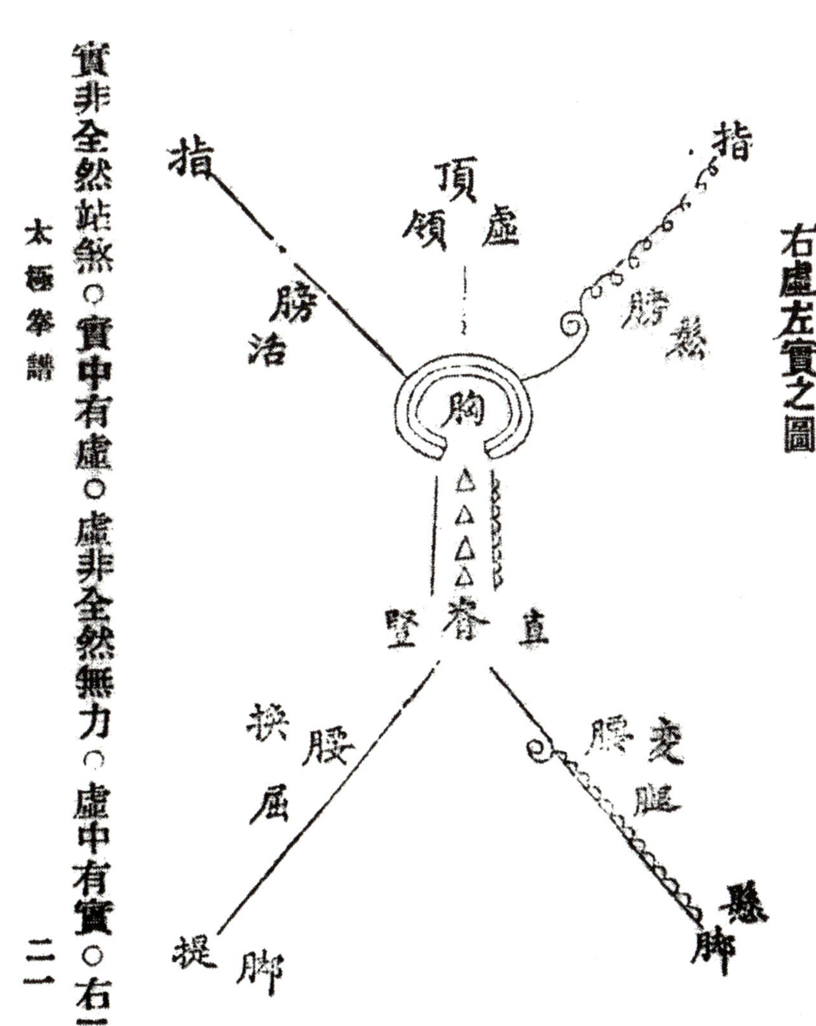

實非全然站煞○實中有虛○虛非全然無力○虛中有實○右二圖○舉

一身而言。雖是虛實之大概。究之周身無一處無虛實。又離不得此虛實。總要聯絡不斷。以意使氣。以氣運動。非身子亂挪。手足亂換也。虛實即是開合。走架打手著著留心。愈練愈精。工彌久技彌尙矣。

五、撒放密訣

擎　引　鬆　放

擎起彼勁借彼力。中有靈字

引到身前勁始蓄。中有斂字

放開我勁勿使屈。中有靜字

放時腰脚認端的。中有整字

擎引鬆放四字。有四不能。脚手不適者不能。身法散亂者不能。

一身不成一家者不能。精神不團聚者不能。欲臻此境。須避此境。不然雖終身由之。究莫明其精妙矣。

第七章　河北永年李啓軒先生著述

敷字訣解

敷。所謂一言以敝之也。人有不習此技。而獲聞此訣者。無心而白於余。始而不解。及詳味之。乃知敷者。包獲周匝。人不知我。我獨知人。氣雖尙在自己骨裏。而意恰在彼皮裏膜外之間。所謂氣未到。而意已吞也。妙絕妙絕。

附錄

刊印先祖亦畬公太極拳譜緣起

去年冬○槐蔭偕內子玉瑩○暨兒輩由晉歸省○閒與堂兄集五議○擬將先祖手著太極拳譜○刊印行世○集五兄慨然允襄厥成○遂將其手鈔者相示○並重新編次○細閱一過○深佩其心細○功專○遂携稿來晉○以備付印○

先祖初學太極拳於母舅武禹襄先生○既已盡得其傳○復以畢生精力○苦志鑽研○凡一舉一動○無時無刻○莫不在鍛鍊揣摩中○故克臻妙境○是先祖之所以能登峯造極者○實非偶然○

此譜係先祖晚年所著○中經多次修改○方克完成○家嚴石泉公嘗云:『我父每得一勢巧妙○一着竅要○即書一紙條貼於座右○「時先祖

在里課子侄讀書」比試揣摩。有如科學家之實驗。逾數日覺有不妥應修改者。即撕下。另易以他條。往復撕貼。必至神妙正確不可再易始止。久則紙條遍貼滿墻。遂集成書』。觀此則可知先祖著作此譜時之用力精。行功深。而苦心孤詣。審愼周詳尤有別於率爾操觚者已。

吾國拳技之書。甚少佳本。推其原因。大凡習拳技者。多不讀書。技藝雖精。敎徒係用口授。年久必致失傳。間有能文之士。雖有斯志。又以不精拳技。未能寫出竅要。故此書之作。精拳技而不文者不能。能文而不精技者亦不能。先祖亦畬公爲清季邑庠生。學問深醇。能詩善書。名重一時。而於太極拳。尤能臻於神化。既在心。又在身。故能筆之於書。以傳後世。此譜在今日。所以有相當價値者。即基於此。現值當道諸公。提倡國術。鍛鍊國民體格。以備禦侮雪恥之際。槐蔭亦國家一份子。愛國既不敢後人。而於先人遺著。又曷敢隱秘自私。爰刊印行世。聊爲提倡國術之助。此則槐蔭區區之志耳。

中華民國二十四年仲春孫槐蔭棠蔭謹識

太極拳譜後序

民國二十三年冬。堂弟子固自晉歸省。談及市間太極拳譜之厖雜。謀刊　先伯祖亦畬公輯著秘本。蓋欲將多年家藏公諸社會。以廣嗜斯術者研究之資料。意至善也。溯自北伐成功。當道諸賢。提倡國術。不遺餘力。太極一門尤爲世人所推崇。秘本中頗多未傳精義。必爲好者所樂聞。故福蔭亦願勷其成焉。

慨自歐風東漸。我國教育。亦標三教並重。學校中有體操。球類。田徑賽等等之運動。各縣市有公共體育場之建設。更有全國華北運動會之舉行。注重教育。已可概見。奈此項運動。或須廣闊之場所。或須重大之設備。或須一定之器具。或須相當之團體。或者過於

二

激烈。或者限於局部。求其不能費錙銖。不擇場所。不受器具之束縛。不生過激之危險。有百益而無一害者。可謂絕無也。且吾人在學校時。有運動之機會。或可為健者。出校門後。欲運動而不能。則漸成病夫矣。學者猶如此。何況村夫。青年猶如此。何況老叟乎。此洋種化體育。欲求普及。遍至鄉僻。是緣木而求魚也。反觀吾國拳術。種類雖多。太極之外。如形意。八卦。少林。等等。觀舉動不同。然皆人人能練。個人能練。團體亦能練之。能少者能練。老叟亦能練之。片刻能練之。長時亦能練之。廣大之場能練。咫尺之地亦能練之。既無設備之費。更無拘束之苦。豈不勝於洋化運動萬萬哉。福蔭學校生活三十年矣。新式運動。時嘗參加。太極拳術。亦曾練習。兩相比較。覺實有天淵之別。今捨人入能練之國術而不用，取洋化貴族運動而重之，可傷孰甚？當道諸賢有鑒于此，提倡國術不遺餘力，是確非盲目復古，實民族自信心覺醒之表現，故極應重視，而力予勸助也。

太極拳獨為世人所推崇者何也？細審此譜，可以知之矣。譜云：「腹鬆，氣斂，心靜，神舒，」無不合乎「養生」之道，「衛生」之理；「虛領頂勁，氣沉丹田，氣向下沉，勁起於脚根，」是將己之「重心」，移至下部，而「穩定」之理也；「立如平準，活似車輪，偏沉則隨，雙重則滯，」是己之「支點」只要一個，而「槓桿」之理也；「氣宜鼓盪，神宜內斂，兩手支撐，一氣貫串，以意運氣，以氣運身，一動無有不動，一靜無有不靜，觸之則旋轉自如，無不得力，」是全身練成一個氣球，使富有「彈性」且易「轉動」之理也；「不丟不頂，隨曲就伸。粘連黏隨。引進落空。左重則左虛。右重則右杳。仰之則彌高。俯之則彌深。」是利用彼力之『慣性』。而使失其「平衡」之理也；「勁起於脚根。主於腰間。形於手指。發於脊骨。曲中求直。蓄而後發。蓄勁如張弓。發勁如放箭。」則『彈性』之理。而又『動能與『勢能』之理也；「彼不動己不動。彼微動已先動。彼有力我亦有力。我力在先；彼無力我亦無力。我意仍在先。入一挨我。我不動彼絲毫。趁勢而入。接定彼勁。彼自跌出。」是以柔克剛。不動聲色。

既合乎「科學」之理。而又洽乎「謙遜」之道也。由此觀之。太極拳者係本「科學」之理練己身。並於「謙遜」之中勝敵人。精微奧妙。有如此者。其爲也人能推崇。豈偶然哉。練之熟則可以健其身。練之精則可以通其神；惟練之熟則甚易，而練之精則甚難耳。

先伯祖亦畬公從●武太祖舅父禹襄公習此技。先祖啟軒公亦從之學。歷數十年。精妙始得。各有著述。先嚴獻南公　先叔信甫公均得家傳。日日練之。至老不懈。惟吾家素以誦讀爲業。總未以此開世。然遠近知之者亦大有人在。求拜門下者甚衆。本邑郝和。清河葛福來。均從先伯祖學；南宮馬靜波。清河葛順成。均從　先祖學；光緒戊戌西林岑旭階太守來守此邦。延　先嚴　先叔授渠諸公子。時福蔭年方七齡。亦從學焉。福蔭除受家訓外。更受教於師伯郝和：年稍長。求學異地。未能專心於此。以致無所成就。至以爲憾。近年來。習此術者甚衆。於是問吾家討秘本者有之；向福蔭請教益者有之；外間抄本過多。文字間略有不同。因生疑竇。就吾質正者

六

亦有之；各方求知之切。竊自欣慰○細檢家藏各本○文字間亦不相同○章篇或此前而彼後○或此多而彼少；緣　先伯祖精求斯技○歷四十年。輯本非只一册○著述屢有删改○外間抄本因時間之不同○自難一致耳。　先伯祖最後親筆工楷手抄共三本：一交先祖啓軒公○現已殘缺；一交門人郝和○現存伊子文桂手：　先伯祖自留一本○現存十一叔父遜之公手：此皆完璧也。至於　先伯屢次自編原稿○則爲十叔父石泉公○　十一叔父遜之公所珍藏○當時因無意刊行○於次序之排列未加注意○兹爲便於閱覽計。不揣冒昧○分爲章節○於原文之中未敢增改一字：以福蔭之工夫未到○不敢妄加解說也○願世之好者○悉心研究○發揚而光大之○

近聞當道諸公擬列國術爲學校正式課程矣○深望早日實現；語云：

『上有好者。下必有甚焉者矣』。設以此而國術普及。人人自強。則强國强種之目的可達。而東亞病夫之徽號可除。如是此秘本之刊行。其意義更爲重大矣！福蔭不禁馨香祝禱之焉。

中華民國二十四年一月二十八日福蔭謹序

太極拳先哲行略

先王父廉泉府君行略

先王父○諱河清○姓武氏○字禹襄○號廉泉○永年人○性孝友○尚俠義○廩貢生○候選訓導○兄弟三人○長澄清○咸豐壬子進士○河南舞陽縣知縣○次汝清○道光庚子進士○刑部員外郎○贍材亮迹○并聲於時○先王父其季也○先王父博覽書史○有文炳然○晃晃埒伯仲○而獨擯絕於有司○未能以科名顯○然以才幹志行爲當道所器重○咸豐間○呂文節公賢基○肅書幣邀贊扐機○以母老辭○尚書毛公昶熙○巡撫鄭元善○又皆禮辟不就○惟日以上事慈闈○下課子孫○究心太極拳術爲事○初道光間河南溫縣陳家溝陳姓○有精斯術

者。急欲往學。維時設帳京師。往返不便。使里人楊福同往學焉。嗣先王父因事赴豫。便道過陳家溝。又訪趙堡鎮陳清平。清平亦精是術者。研究月餘。奧妙盡得。返里後精益求精。遂神乎其技矣。嘗嗜持一桿舞之。多人圍繞。以水潑之。而身無濕跡。太極拳自武當張三峯後。雖善者代不乏人。然除山右王宗岳。著有論說外。其餘率皆口傳。鮮有著作。先王父著有太極拳解。十三總勢說略。復本心得。闡出四字訣。使其中奧妙。不難推求。誠是技之聖者也。有子五人。用康郡庠生。候選府經歷。用釋同治壬戌舉人。用咸縣學生。候選鴻臚寺序班。用昭縣學生。用極國學生。孫十五人。次孫延緒。光緒壬辰翰林。出宰湖北。多工文學。未深習是術。得其傳者。惟李王姑之子李經綸。李承綸兄弟也。

李公兄弟家傳

李公亦畬者○直之永年人也○諱經綸○亦畬其字○考貽齋先生○諱世馨○廪貢生○候選訓導○同治元年○舉孝廉方正○不仕○卒於里第○妣武孺人○爲予王姑○生子四○公居長○次二承綸○光緒乙亥舉人○次三曾綸○次四兆綸○均有聲庠序○次四公前卒○友白先生○公世父也○無子○以公爲嗣○公事世父母○生意承志○一如事其所生父母者○而於所生父母之晨昏安膳○又必省必定○必問必視○未嘗一委諸羣季○以故兩家之父母○一幾不知子之非己出○一幷忘其子之爲人後也○公承歡之暇○尤嗜讀書○文學畯備○名噪一時○弱冠補博士弟子員○應京兆試○一薦不售○遂絕意進取○閉戶

二

課子姪讀○約束綦嚴○非有故不得踰閾○嘗述其教弟子之旨於先王父禹襄公曰○孔子曰○惟上知與下愚不移○孟子曰○自暴者不可與有言也○自棄者不可與有爲也○竊惟孔子之意○二者之質不數覯○大抵皆中人可與入道○顧視力行何如耳○覯今世之人○童蒙入塾○垂老無成○其自暴棄○誠有如孔子所云○抑亦爲之父兄者中也棄不中○才也棄不才之過也○不則誨之而倦○一暴而十寒也○譬之治田○糞種弗勤○灌漑弗力○耕耨弗深○至苗不實○曰是苗之咎○吾見老農過而笑之○孟子不云乎○五穀者○種之美者也○苟爲不熟○不如荑稗○荀子曰○蹞步不休○跛鼈千里○累土不輟○邱山崇成○楊子曰○有刀者礲諸○有玉者錯諸○不礲不錯焉攸用○韓子曰○業精於勤○荒於嬉○之數子者○皆先師大儒○予不敏○竊佩其言○故予

課兒輩○一以勤且熟爲本○時先王父亦以詩禮訓不肖兄弟○聞之深韙其說○王父府君○公所從學拳法者也○先是河南陳某○善是術：得宋張三峯之傳○先王父好之○習焉而精○顧未嘗輕以授人恐不善用滋之弊也○惟公來○則有無弗傳○傳無弗盡○口詔之○頤指之○身形容之○手足提引之○神授而氣予之○公亦步亦步趨亦趨○以目聽以心撫以力追○以意會○凡或向或背○或進或退○或伸或縮○或縈或拂○無不窮極幼眇○而受命也如響○儻所謂用志不分○乃疑于神者邪○已而鄭中丞元善○督師河南○聞公名○延請入幕○公參贊軍務○咸中機要○中丞上吏功於 朝○公名列焉○得 旨以巡檢用矣○公澹泊無仕宦情○闕關歸去○歸里後○益不自暇逸○遇有義舉○任之罔有縮朒○故當事咸敬禮公○服公有卓識○數以事問策於公

○公必統籌全局謂若何而利○若何而弊○盡達其匈肊所欲語○以期有裨於鄉閭而止○如障滏河○修道路○捕蝗蝻○皆公身親之○嘖嘖在人口○茲不縷述○述其有功德於民之遠且大者○莫如種牛痘一事○蓋省三公尤善其術云○

省三公者○貽齋先生之弟三子○諱曾綸者也○生而沈敏○有智略○家故貧○囂囂幾不繼○公憂甚○補諸生後○即從事會稽○得計然術○深明而篤行之○嘗先鷄鳴而興○後斗轉而寢○督率曹偶○盡有嘗程○事律繇是滋息蕃衍○家賴以康○自奉極約○衣不帛，食不兼味○至遇人有緩急○則賙卹無所吝○若夙負而償之者○蓋深鑒於古昔專利之子○違天理○竭地力○壞人心○僭越禮法○以自放其亡等之欲○致亡家敗產相隨屬○而慨然獨有意乎苑蠡之爲人也○光緒緒四年。歲大饑○糧價倍平昔五六○邑之匱乏家○或昨生而今死○或朝存而暮亡○婦哭孺號○接於道路○又其甚者。貧兒攫食市上○手屏之即顛○餓夫行乞途中肩摩之○立仆○傷心慘目○不可勝言○嗣復癘氣中人○瘟疫大作。醫室少生塵之藥。匠肆無待價之棺○公愴然動懷○竭己利物○戚族里鄰中或饔飧不給○必計口授之粟○人死而不能葬○又出貲施之○一時葢其所藉者○未可更僕終○公殊弗自德也。嘗語於家曰○人各有能有不能○擇一事而行之足矣○故夫敦鄉誼○急公務○以與士大夫相接○此伯兄之事○非吾事也○勤箸述○精考訂○自坿古作者之林○此仲兄之事○亦非吾事也○若夫興產立業○贍宗恤族○則吾自能之○吾事也○至力不足博施○財不堪濟衆○而以一藝一術之惠○利生民於無窮○尤吾與伯兄共事之者也

六

○公意蓋謂牛痘事○初邑之未得種痘術也○小兒患痘疹○死者亡算○外方人擅是術○公出重貲致之○昕夕講求○彙兒亦畬公○盡得其傳○公施種在家○亦畬公時游種於外○後來者日衆○公不暇給○亦畬公亦歸○手以佐公○每及期○公喚名次弟入○亦畬公睎槳○公點苗○或亦畬公點苗○公屬還漿期○亦畬公固樂善○來即不拒○公且備茶湯○忞人飲啜○或餽之金帛○公峻辭之○亦畬公亦笑却之○及以瓜李來○又勿重忍拂焉○領受而已○公精烹飪○必躬具雞黍餉客○亦畬公尤耆酒○衆出拇戰賭歡○公則代以茶○談笑佐之○遊客醉飽○始令歸○亦畬公嗜飲○顧不以酩酊廢事○公無嗜好○事之益勤○亦畬公偶它出○公率兒輩棟其事○公或憂釆薪○必召兒輩襄亦畬公○蓋公家後進○見之習○聞之稔○又學焉不罷勸○故爲之輒當

○長太守啟○素重公○兄弟聞之曰○謂善哉○所好者道也○進乎技矣○遂捐稟立局○延公兄弟任其事○先後二十餘年間○全活嬰兒以萬計○人不忘公兄弟擇術之仁○而尤樂道太守之得人而任也○壬辰秋○母儒人有疾弗豫○公兄弟侍奉湯藥○恆通昔不寐　儒人考終○均哀毀逾禮○時八月二十九日也○至十一月八日○亦畬公繼卒○十二月十九日○省三公又卒○亦畬公春秋六十有一○省三公五十三○亦畬公子二○寶廉○寶讓○省三公子三○寶極○寶相○寶三○寶極廩膳生○

武延緒曰○烏摩○自予王姑之歾也○予祖之兄弟○蓋無復存焉者矣○竊以見王姑者○見予祖○今並王姑不可見矣○抑猶有幸焉○予父兄弟行○各健在無恙也○各能撫匹哭○爲予王姑服也未幾而表

世父亦畬公卒○未幾而表叔父省三公又卒未幾而予又有季父之喪○年不逮祺公家罹凶者三○予身痛哭者四○未嘗不哭王姑者哭予祖○又未嘗不以哭諸父者哭予父也○顧吾以爲人苟不足重輕○死則死耳○而如公兄弟及予季父○皆所謂吾鄉不可少之人○既不能得一當以大有爲於時○又不幸而不永年於世○徵獨予兩家之戚○抑亦吾鄉之不造以至斯也○彼蒼者天○殲我良人○胡至此極邪○抑又聞之○哀毀過情○致足殞生○似仁人孝子之死亡○天容不職其咨○然以謂公兄弟則有之○而如予季父者○當喪予王父時○其哀毀未有以異於二公之爲也○而顧未嘗死○直至今而卒然以死○其謂之何哉○其謂之何哉○烏虖○

賜進士出身翰林院庶吉士里人武延緒謨拜書

八

太極拳前輩李亦畬先生軼事（錄山西國術體育旬刊）

河北永年縣太極拳之泰斗李亦畬先生在咸同之際全國馳名先生得其精深於武禹襄先生禹襄先生得之於陳家溝而太極拳名家郝爲眞先生又亦畬先生之高足也李先生有文孫曰李子固名槐蔭向供職于太原忠實幹練長于文學能述其先祖之軼事極爲翔實今錄如左：

（1）有苗蘭圃者○公之表弟也○武生有膂力○某日公與飲酒後○蘭圃公曰：兄眞能打人乎？公曰：弟如樂試○請來打我○當時亦畬公坐椅上○兩手扶椅肘○蘭圃公用兩手扶公肩○竭力按之○曰能讓我動乎？公一哈曰：你坐於對面橙上吧○言未終蘭已坐橙上矣○蘭圃公曰○兄雙手未動○竟能置我於八尺之外○神乎技矣○

二

（2）有葛福來者○清河人○業標師○精八方捶○某年過水年○託沿村劉洛香紹介來訪○要求比試○公再三謙讓○未與動手○翌年復來○堅欲一試○公再讓不獲○遂曰：有門人郝和（即爲眞先生）尚未學得一半○請與他試○即喚郝和至○公曰：不許郝和動○請君打他○福來起手連打三次○反被打出○福來慚甚曰：我業標師二十年○奔走四方數千里○聞有名家○輒往領教○終未有能勝余者○不意公技之神妙若是也○即跪地請其收爲門生焉○

（3）某日公在家有喜慶事○賀客盈門○有老僧者○像貌魁偉○亦來與賀○飲之酒○不辭○席罷告退○亦命公同啟軒公（先生之弟）送之門外○當老僧來時○亦畬公以其爲弟友○啟軒以其爲兄友○均不介意○及送僧去後○互相詢問○則均不識○更不知其因何而來○次日

門人郝和到温姓茶館品茗○温姓謂郝和曰：昨日一老僧到李府賀喜○席散後來此處飲茶○言李大先生之武技甚精○洵名不虛傳○温某曰：李大先生向不與人比手○汝何知之○我練拳一生○雲遊四方○終未遇有敵手○久聞其名○特來造訪○適李府有喜慶事○我即冒然往賀○賀畢○李大先生兄弟送我門外○我以二膊讓回○李大先生亦以二膊强送○當兩方之膊相接觸時○我即站立不穩○惜乎吾老矣○不能投拜門下也○言畢○猶欷歔不置云○此郝爲眞所目覩而詳述者○

简体版

邱序

吾国今日，内忧朋兴，外患严重，国危民困，前此未有。论者谓为科学落后、产业衰微。挽救之道，莫急于经济建设之推进。虽然国于大地，物质与精神并重，苟其国民失其立国的宝贵精神，则虽物质充裕，亦仅为犹太富人而已，殊难与世并存。㈠

我国数千年来，以无敌国外患之故，不特遗物质，偏重精神，而重文轻武之习惯，深中乎人心，遂致苟安是尚，泄沓成风，演成今日积弱不振之势。『九一八』以来，遭亘古未有之变局，经

㈠ 这篇序言写于1935年，当时以色列尚未建国。

南北两度之战败，宜可以全国警惕，发奋有为矣。然而颓废麻木之风气依然弥漫上下，当激刺初来，未尝无一时之冲动；形势稍纾，惰性立见。中年无论已，即血气正盛之青年，酣嬉堕落者，固所在多有。此其原因，实由于国民体质不强、意志薄弱，不堪与恶劣环境久抗之故耳。是故论中国今日之病，不仅在物质之贫乏，尤在于精神之不振。救济之法，一面在物质之建设，一面则须精神之改造。一般国民体魄的锻炼，遂不可缓，盖有强健之体格，而后有强健之精神，始能担当艰难困苦之大事。中国今日，救亡图存、建国兴国之责，岂一般体质衰弱、精神萎靡之国民所能担任？非有坚强之体魄与精神，必难与言战胜恶劣环境而获保安全。是知改善国民体格，造成一般紧张刚劲之新风气，实为救济国难所必取之方策。欧战衄败后之德，国几不国，然德志存复兴，以改造国民体格为国家政策之一，虽小学生，亦受严格锻炼，时仅十载，德已恢复其世界强国之地位。吾值今日，当知所取法矣。

锻炼国民体格之方法，在欧美为各项运动与比赛。我国近年对于运动比赛之提倡亦颇积极，惟每一运动场所之营辟，各项运动器具之设置，所费甚巨。此资本主义社会中之产物，非吾地广人众、民贫财尽之国所能普遍举办。故所谓运动比赛，亦仅行于学校教育范围之内，社会大众，尚难与焉。而救国事业，又非全国人民一致动员不可。此则有类于吾国故有国术之提倡矣。

盖吾国国术之相传，已有数千年之历史，门类繁多，其旨深，其技绝，变化奇妙，气象万千；可以强筋骨，健气魄，通血脉，凝神志者。世界各国，莫与伦比。随地随时皆可练习，无场所营辟之烦。即欲购置器具，而所费极微。普遍光大，实为吾民族强健体格、改造精神之唯一良剂。使能提倡奖进，蔚为风气，则颓废萎靡之积习，可不扫自除；救亡图存，又奚他求？

惟吾国积习尚文，由来已久。士大夫阶级尤以使拳耍棒为耻。习拳技者，非为方外释道、山林隐士，即为保镖卖艺、走江湖之徒。能文而精拳术者实寡。以故拳术著作极少。盖能文者多不习拳术，精拳术者多不能文，而门户派别之见，又囿痼人心。善良者，恐其挟技以为害社会，又不肯轻以其术授人。名师大家，虽代不绝人，而精妙之传不广。自科学利器传入中国后，国术益不为人重视。老师名家又相继凋谢，国术真传益少。有志学习者，多以难得诀窍为苦，又无前人著作可为参悟习练之资。此提倡国术者，所引为憾者也。

吾国拳术，向有内外两家之别，外家宗少林，内家宗武当，盖以其习练行功之不同而为区分也。世言少林创自达摩，武当创自张三丰。三丰之传，以太极拳为高妙，今世尤慕重之。太极拳者，本太极阴阳动静之理，而为之拳式者也。非用功勤而通易理者，难臻其妙。

永年李亦畬先生，以清季名诸生，学太极拳于母舅武禹襄先生。武先生之技得自河南温县赵堡镇陈清平。陈氏之传，为清代太极拳北派之正宗。李亦畬先生以毕生精力研习此技，遂臻神化，于陈氏真传之外，尤多发明。盖先生以绩学明道之士，而尽粹斯技，宜其造诣之轶伦绝群也。晚乃以其所得，著为《太极拳谱》。其中如『五字诀』『走架行工要言』『擎引松放』等，尤为治太极拳之密钥，而其取焉，精，其用焉，宏，直超越乎古今矣。

先生文孙槐荫，慷慨有志之士也，既愤国难之严重，复不敢隐秘先生之志，于是出先生之著，刊印行世，以为今日提倡国术之助。余知此书之出，必将使吾国国术大放异彩，而有志治太极拳者，得有所途辙，不至如今日之暗中摸索矣。余固乐为一言，以冠篇首。是为序。

中华民国二十四年仲春

山西沁县　邱仰濬　拜序

马序

太极拳术，技而进乎道者也。溯自李唐，以迨明季，抱残守缺，代有传人，而集大成者，则武当张三丰真人也，故又称武当派，盖别于少林而言之。沿至清季，分为南北两宗。南则王征南、张松溪、黄百家，其最著者；北则河南温县赵堡镇陈清平是也。之数人者，辗转参习，均得三丰之真髓。而近代大河以北，言斯技者，莫不首尊杨班侯、郝为真两家。班侯，露蝉之子也。露蝉亲得之于陈家沟陈长兴，家学渊源，祖武无忝，而为真则李亦畬先生之高足也。亦畬先生亲受之于其母舅武禹襄先生，禹襄先生亲得其传于赵堡镇陈清平。且杨、郝皆广平府永年人，一脉相传，守而无失；高山仰止，其可钦已。

惟在昔习拳技者，多江湖无识之流。而士大夫研习者犹甚鲜，间或有之，非山林隐逸之士，即方外释道之伦。韬光养晦，与世无争；严守禁条，不欲轻以精妙之技示人。职是之故，关于历史之沿革、教授之方法，胥语焉不详、启迪无方，甚至以讹传讹，各执一是，徒为无益之争，绝鲜发明之妙。躐等失次，每况愈下。静焉思之，良堪浩叹。

若禹襄先生，为永年潜修之老儒；而亦畬先生，亦其邑之名诸生也。不惟有师生之雅，而且属姻戚之谊，故于太极拳法，朝夕研讨，循序渐进。既授之以姿势，复传之以心法。一旦豁然贯通，如佛家禅机顿悟，物来顺应，头头是道，故能于原谱之外多所发明，提纲挈领，言简意赅，使习之者于先后缓急之中得其窍要，小之可以延年益寿，大之可以御侮保邦。其关系之重大，可知已。

自民国纪元以来，朝野奋发之士咸怵于国势之不振、民气之消沉，亟思有以振励而策勉之，于是乎于斯技也，大有突飞猛进之象。而最感兴趣者，反多高冠博带之士夫。因之深于理智者，多急于务博求知，而忽于守约苦习，于是陈派也、杨派也、李郝派也、吴（鉴泉）王（茂斋）派也，亦如新兴之学术与主义，万派争鸣，而莫衷一是，实则各家有各家之心得，各派有各派之特长。

循序以进，有恒乃济；举一反三，全在顿悟。然提要钩玄，非明澈全体而不能精益求精，非沉静有恒而不得。今李氏所保藏之拳谱，繁简得宜，审中守正，有为他谱散轶而未收者，有以经验参悟而疏解原论者，有以躬行自得而独创新义者：如禹襄先生之『太极拳解』；亦畬先生之『五字诀』，以及『敷盖对吞』之四字秘诀、『擎引松放』之撒放秘诀、虚实开合之图及『走架打手行工要言』等，皆为他谱所不详。而武、李二先生之深造，于此可见一斑。古谱有云：『先求开展，后求紧骤。而紧骤之中，尤重在不丢不顶。果能如是，则全体大用之效，不待词费，而自然臻乎上乘矣。』然则亦畬先生之于斯技，可为中兴之功臣矣。先生有嫡系文孙，名槐荫，字子固。固余之道义，交也，服务并门，素著声誉，家藏此谱，不轻示人，近以时乱国危，乃欲公之于世，期收大用。于其发刊之始，嘱余为文，以叙简耑。噫！浅陋如余，乌足以序此哉？重以子固之请，不敢藏拙，爰略抒鄙见如右。凡有志研习者，果欲精练而深造之，自有原谱在，心诚求之，不耻下问，何难迎刃而解，是全在潜研默证有恒不辍而已。

是为序。

时中华民国二十四年花朝日

稷山马甲鼎立伯

叙于晋阳侨寓之宾客万象楼

第一章 ◦ 太极拳释名

太极拳，一名长拳，又名十三势。长拳者，如长江大海，滔滔不绝也。十三势者，分掤、捋、挤、按、採、挒、肘、靠、进、退、顾、盼、定也。掤、捋、挤、按，即坎、离、震、兑，四正方也。採、挒、肘、靠，即乾、坤、艮、巽，四斜角也。此八卦也。进步、退步、左顾、右盼、中定，即金、木、水、火、土也。此五行也。合而言之，曰十三势。是技也，一着一势，均不外乎阴阳，故又名太极拳。

第二章 十三势架

第一节 身法

涵胸，拔背，裹裆，护肫，提顶，吊裆，松肩，沉肘。

第二节 十三势架

揽鹊尾，单鞭，提手上势，白鹅亮翅，搂膝拗步，手挥琵琶势，搂膝拗步，手挥琵琶势，搬揽捶，如封似闭，抱虎推山，单鞭，肘底看捶，倒撵猴，白鹅亮翅，搂膝拗步，三通背，单鞭，云手，高探马，左右起脚，转身，踢一脚，践步打捶，翻身二起，披身，踢一脚，蹬一脚，上步搬揽捶，如封似闭，抱虎推山，斜单鞭，野马分鬃，单鞭，玉女穿梭，单鞭，云手下势，更鸡独立，倒撵猴，白鹅亮翅，搂膝拗步，三通背，单鞭，云手，高探马，十字摆莲，上步指裆捶，上势揽鹊尾，单鞭，下势，上步七星，下步跨虎，转脚摆莲，弯弓射虎，双抱捶。

第三节　十三刀

按刀，青龙出水，风卷残花，白云盖顶，背刀，迎坟鬼迷，振脚提刀，拨云望日，避刀，霸王举鼎，朝天一炷香，拖刀败势，手挥琵琶势。

第四节　十三杆

崩一杆，青龙出水，童子拜观音，饿虎扑食，拦路虎，拗步，斜劈，风扫梅，中军出队，宿鸟入巢，拖杆败势，灵猫捕鼠，手挥琵琶势。

第五节　四刀法

里剪腕，外剪腕，挫腕，撩腕。

第六节　四杆法（四枪法同）

平刺心窝，斜刺膀尖，下刺脚面，上刺锁项。

以上刀法杆法，俱用第一节身法。总要讲究跟劲。

第三章 ◦（山右）王宗岳太极拳论

太极者，无极而生，阴阳之母也。动之则分，静之则合。无过不及，随曲就伸。人刚我柔谓之走，我顺人背谓之粘。动急则急应，动缓则缓随。虽变化万端，而理唯一贯，由着熟而渐悟懂劲，由懂劲而阶及神明。然非用力之久，不能豁然贯通焉。

虚领顶劲，气沉丹田。不偏不倚，忽隐忽现。左重则左虚，右重则右杳。仰之则弥高，俯之则弥深。进之则愈长，退之则愈促。

一羽不能加，蝇虫不能落。人不知我，我独知人。英雄所向无敌，盖皆由此而及也。

斯技旁门甚多，虽势有区别，概不外壮欺弱、慢让快耳。有力打无力，手慢让手快，是皆先天自然之能，非关学力而有也。察四两拨千斤之句，显非力胜。观耄耋御众之形，快何能为？

立如秤准，活似车轮。偏沉则随，双重则滞。每见数年纯功，不能运化者，率皆自为人制，双重之病未悟耳。欲避此病，须知阴阳。粘即是走，走即是粘。阳不离阴，阴不离阳。阴阳相济，方为懂劲。懂劲后，愈练愈精，默识揣摩，渐至从心所欲。本是舍己从人，多误舍近求远。所谓差之毫厘，谬之千里。学者不可不详辨焉。

是为论。

解曰

先在心，后在身。腹松，气敛入骨，神舒体静，刻刻存心。切记，一动无有不动，一静无有不静。视静犹动，视动犹静。动牵往来，气贴背，敛入脊骨，要静。

内固精神，外示安逸。迈步如猫行，运劲如抽丝。全身意在蓄神，不在气，在气则滞。有气者无力，养气者纯刚。气如车轮，腰如车轴。

又曰

彼不动，己不动；彼微动，己先动。似松非松，将展未展，劲断意不断。

第四章 ◦ 歌诀

第一节 各势白话歌

提顶吊裆心中悬，松肩沉肘气丹田。
裹裆护肫须下势，涵胸拔背落自然。
初势左右懒扎衣，双手推出拉单鞭。
提手上势望空看，白鹅亮翅飞上天。
搂膝拗步往前打，手挥琵琶躲旁边。
搂膝拗步重下势，手挥琵琶又一番。
上步先打迎面掌，搬揽捶儿打胸前。

如封似闭往前按，抽身抱虎去推山。
回身拉成单鞭势，肘底看捶打腰间。
倒撵猴儿重四势，白鹅亮翅到云端。
搂膝拗步须下势，收身琵琶在胸前。
按势翻身三通背，扭颈回头拉单鞭。
云手三下高探马，左右起脚谁敢拦。
转身一脚栽捶打，翻身二起踢破天。
披身退步伏虎势，踢脚转身紧相连。
蹬脚上步搬揽打，如封似闭手向前。
抱虎推山重下势，回头再拉斜单鞭。

野马分鬃往前进，懒扎衣服果然鲜。
回身又把单鞭拉，玉女穿梭四角全。
更拉单鞭真巧妙，云手下势探清泉。
更鸡独立分左右，倒撵猴儿又一番。
白鹅亮翅把身长，搂膝前手在下边。
按势青龙重出水，转身复又拉单鞭。
云手高探对心掌，十字摆莲往后翻。
指裆捶儿向下打，懒扎衣服紧相连。
再拉单鞭重下势，上步就排七星拳。
收身退步拉跨虎，转脚去打双摆莲。

海底捞月须下势，弯弓射虎项朝前。

怀抱双捶谁敢进，走遍天下无人拦。

歌兮歌兮六十句，不遇知己莫轻传。

第二节　十三势行工歌诀

十三总势莫轻识，命意源头在腰隙。

变转虚实须留意，气遍身躯不稍痴。

静中触动动犹静，因敌变化是神奇。

势势存心揆用意，得来不觉费工夫。

刻刻留心在腰间，腹内松静气腾然。

尾闾正中神贯顶，满身轻利顶头悬。
仔细留心向推求，屈伸开合听自由。
入门引路须口授，工用无息法自休。
若言体用何为准，意气君来骨肉臣。
详推用意终何在，益寿延年不老春。
歌兮歌兮百四十，字字真切义无疑。
若不向此推求去，枉费工夫遗叹惜。

第三节　打手歌

掤捋挤按须认真，上下相随人难进。

任他巨力来打我，牵动四两拨千斤。

引进落空合即出，粘连黏随不丢顶。

第四节　打手撒放

掤（上平声）、业（入声）、噫（上声）、咳（入声）、呼（上声）、吭、呵、哈。

第五章 ○ 河北永年武禹襄先生著述

一、太极拳解

身虽动，心贵静，气须敛，神宜舒。心为令，气为旗。神为主帅，身为驱使。刻刻留意，方有所得。先在心，后在身。在身，则不知手之舞之、足之蹈之。所谓一气呵成、舍己从人、引进落空、四两拨千斤也。

须知一动无有不动，一静无有不静。视动犹静，视静犹动。内固精神，外示安逸。须要从人，不要由己。从人则活，由己则滞。尚气者无力，养气者纯刚。彼不动，己不动；彼微动，己先动。

以己依人，务要知己，乃能随转随接。以己粘人，必须知人，乃能不后不先。精神能提得起，则无双重之虞。粘依能跟得灵，方见落空之妙。

往复须分阴阳，进退须有转合。机由己发，力从人借。发劲须上下相随，乃一往无敌。立身须中正不偏，能八面支撑。

静如山岳，动若江河。迈步如临渊，运劲如抽丝，蓄劲如张弓，发劲如放箭。行气如九曲珠，无微不到。运劲如百炼钢，何坚不摧。

形如搏兔之鹘，神似捕鼠之猫。曲中求直，蓄而后发。收即是放，连而不断。极柔软，然后极坚刚。能粘依，然后能灵活。

气以直养而无害，劲以曲蓄而有余，渐至物来顺应，是亦知止能得矣。

二、十三势说略

每一动，惟手先着力，随即松开，犹须贯串一气。不外起承转合，始而意动，既而劲动，转接要一线串成。气宜鼓荡，神宜内敛。勿使有缺陷处，勿使有凹凸处，勿使有断续处。其根在脚，发于腿，主宰于腰，形于手指，由脚而腿而腰。总须完整一气，向前退后，乃能得机得势。有不得机得势处，身便散乱，必至偏倚。其病必于腰腿求之。上下前后左右皆然。凡此皆是意，不是外面。有上即有下，有前即有后，有左即有右。若物将掀起，而加挫之之力，斯其根自断，乃坏之速而无疑。虚实宜分清楚，一处自有一处虚实，处处总此一虚实。周身节节贯串，勿令丝毫间断。

三、四字秘诀

敷（敷者，运气于己身，敷布彼劲之上，使不得动也。）

盖（盖者，以气盖彼来处也。）

对（对者，以气对彼来处，认定准头而去也。）

吞（吞者，以气全吞，而入于化也。）

此四字无形无声，非懂劲后练到极精地位者不能知。全是以气言。能直养其气而无害，始能施于四体，四体不言而喻矣。

第六章　河北永年李亦畬先生著述

一、五字诀（附序）

太极拳不知始自何人，其精微巧妙，王宗岳论详且尽矣。后传至河南陈家沟。陈姓神而明者，代不数人。

我郡南关杨君，爱而往学焉。专心致志，十有余年，备极精巧。旋里后，市诸同好。母舅武禹襄见而好之，常与比较，彼不肯轻以授人，仅得其大概。

素闻豫省怀庆府赵堡镇有陈姓名清平者，精于是技。逾年，母舅因公赴豫省，过而访焉。研究月余而精妙始得，神乎技矣。

予自咸丰癸丑，时年二十余，始从母舅学习此技。口授指示，不遗余力。奈予质最鲁，廿余年来，仅得皮毛。窃意其中更有精巧，兹仅以所得笔之后，名曰『五字诀』，以识不忘所学云。

清光绪六年岁次庚辰小阳月识

一曰心静。

心不静，则不专。一举手，前后左右全无定向。故要心静。起初举动未能由己，要息心体认。随人所动，随屈就伸。不丢不顶，勿自伸缩。彼有力我亦有力，我力在先；彼无力我亦无力，我意仍在先。要刻刻留意，挨何处，心要用在何处，须向不丢不顶中讨消息。

从此做去，一年半载便能施于身。此全是用意，不是用劲。久之，则人为我制，我不为人制矣。

二曰身灵。

身滞则进退不能自如，故要身灵。举手不可有呆像，彼之力方碍我皮毛，我之意已入彼骨内。两手支撑，一气贯穿。左重则左虚，而右已去；右重则右虚，而左已去。气如车轮，周身俱要相随。有不相随处，身便散乱，便不得力。其病于腰腿求之。

先以心使身，从人不从己，后身能从心，由己仍是从人。由己则滞，从人则活。能从人，手上便有分寸，秤彼动之大小，分厘不错；权彼来之长短，毫发无差。前进后退，处处恰合，工弥久而技弥精矣。

三曰气敛。

气势散漫，便无含蓄，身易散乱。务使气敛入脊骨，呼吸通灵，周身罔间。吸为合、为蓄，呼为开、为发。盖吸则自然提得起，亦拿得人起；呼则自然沉得下，亦放得人出。此是以意运气，非以力使气也。

四曰劲整。

一身之劲，练成一家，分清虚实。发劲要有根源，劲起于脚跟，主于腰间，形于手指，发于脊骨。又要提起全副精神，于彼劲将出未发之际，我劲已接入彼劲，恰好不先不后。如皮燃火，如泉涌出。前进后退，无丝毫散乱；曲中求直，蓄而后发，方能随手奏效。所谓借力打人，四两拨千斤也。

五曰神聚。

上四者俱备，总归神聚，神聚则一气鼓铸。练气归神，气势腾挪。精神贯注，开合有致。虚实清楚，左虚则右实，右虚则左实。虚非全然无力，气势要有腾挪。实非全然占煞，精神要贵贯注。紧要全在胸中腰间运化，不在外面。力从人借，气由脊发。胡能气由脊发？气向下沉，由两肩收于脊骨，注于腰间。此气之由上而下也，谓之合。由腰形于脊骨，布于两膊，施于手指。此气之由下而上也，谓之开。合便是收，开即是放。能懂得开合，便知阴阳。

到此地位，工用一日，技精一日，渐至从心所欲，罔不如意矣。

二、走架打手行工要言

昔人云：『能引进落空，能四两拨千斤。不能引进落空，不能四两拨千斤。』语甚赅括。初学未由领悟，予加数语以解之，俾有志斯技者，得所从入，庶日进有功矣。

欲要引进落空、四两拨千斤，先要知己知彼。欲要知己知彼，先要舍己从人。欲要舍己从人，先要得机得势。欲要得机得势，先要周身一家。欲要周身一家，先要周身无有缺陷。欲要周身无有缺陷，先要神气鼓荡。欲要神气鼓荡，先要提起精神，神不外散。欲要神不外散，先要神气收敛入骨。欲要神气收敛入骨，先要两股前节有力，两肩松开，气向下沉，劲起于脚跟，变换在腿，含蓄在胸，运动在两肩，主宰在腰。上于两膊相系，下于两胯两腿相随，劲由内换。收便是合，放即是开。静则俱静，静是合，合中寓开。动则俱动，动是开，开中寓合。触之则旋转自如，无不得力，才能引进落空、四两拨千斤。

平日走架，是知己工夫。一动势先问自己：周身合上数项不合？少有不合，即速改换。走架所以要慢不要快。打手是知人工夫，动静固是知人，仍是问己。自己要安排得好，人一挨我，我不动彼丝毫，趁势而入，接定彼劲，彼自跌出。如自己有不得力处，便是双重未化，要于阴阳开合中求之。所谓知己知彼，百战百胜也。

胞弟启轩尝以球譬之，如置球于平坦，人莫可攀跻，强临其上，向前用力后跌，向后用力前跌。譬喻甚明。细揣其理，非舍己从人，一身一家之明证乎？得此一譬，引进落空、四两拨千斤之理可尽人而明矣。

三、十三势行工歌解

以心行气，务沉着，乃能收敛入骨。（所谓命意源头在腰隙也。）

意气须换得灵，乃有圆活之趣。（所谓变转虚实须留意也。）

立身中正安舒，支撑八面，行气如九曲珠，无微不到。（所谓气遍身躯不稍痴也。）

发劲须沉着松静，专注一方。（所谓静中触动动犹静也。）

往复须有折叠，进退须有转换。（所谓因敌变化是神奇也。）

曲中求直，蓄而后发。（所谓势势存心揆用意，刻刻留心在腰间也。）

精神能提得起，则无迟重之虞。（所谓腹内松静气腾然也。）

虚领顶劲，气沉丹田，不偏不倚。（所谓尾闾中正神贯顶，满身轻利顶头悬也。）

以气运身，务顺遂，乃能便利从心。（所谓屈伸开合听自由也。）

心为令，气为旗，神为主帅，身为驱使。（所谓意气君来骨肉臣也。）

四、论虚实开合

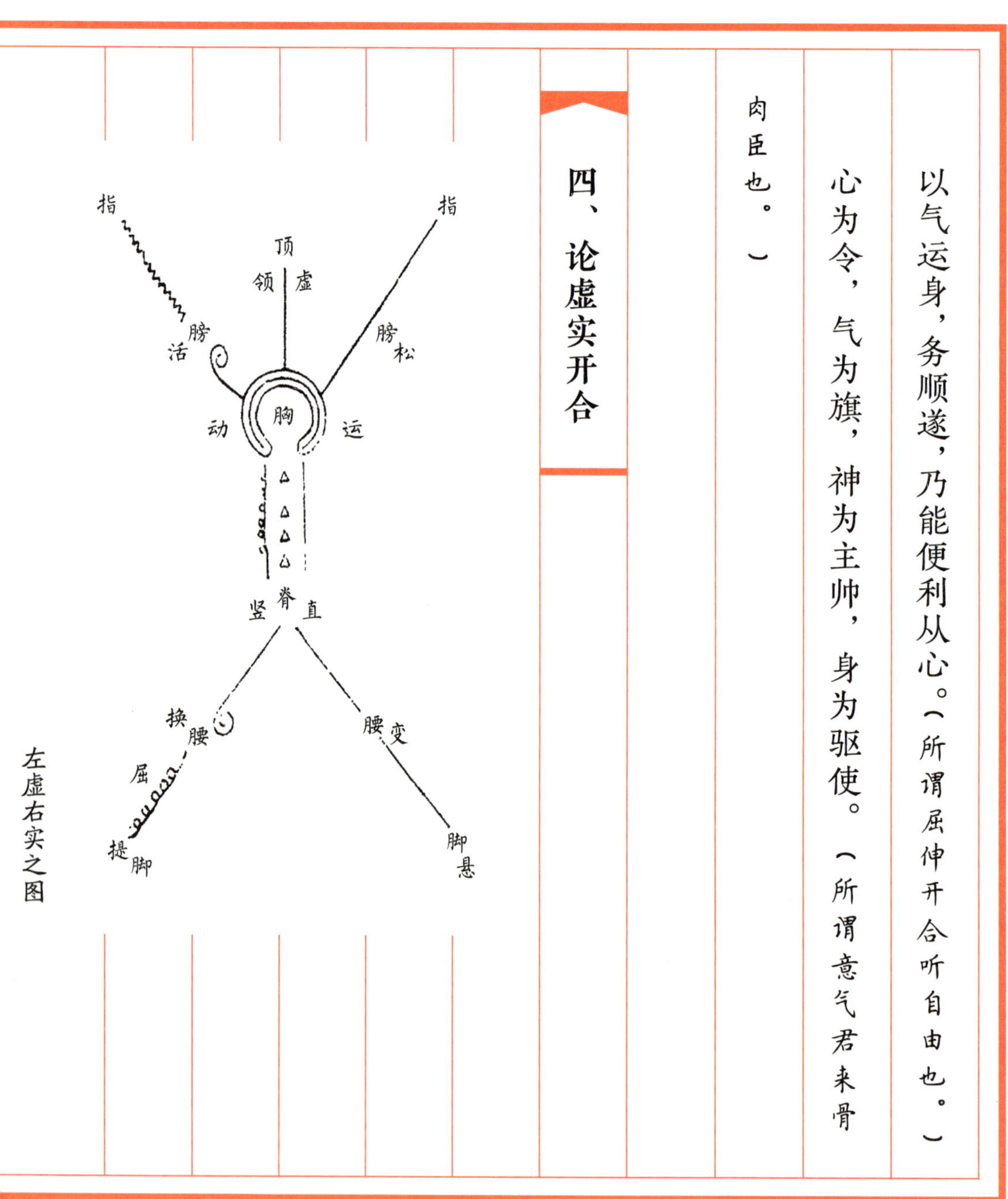

左虚右实之图

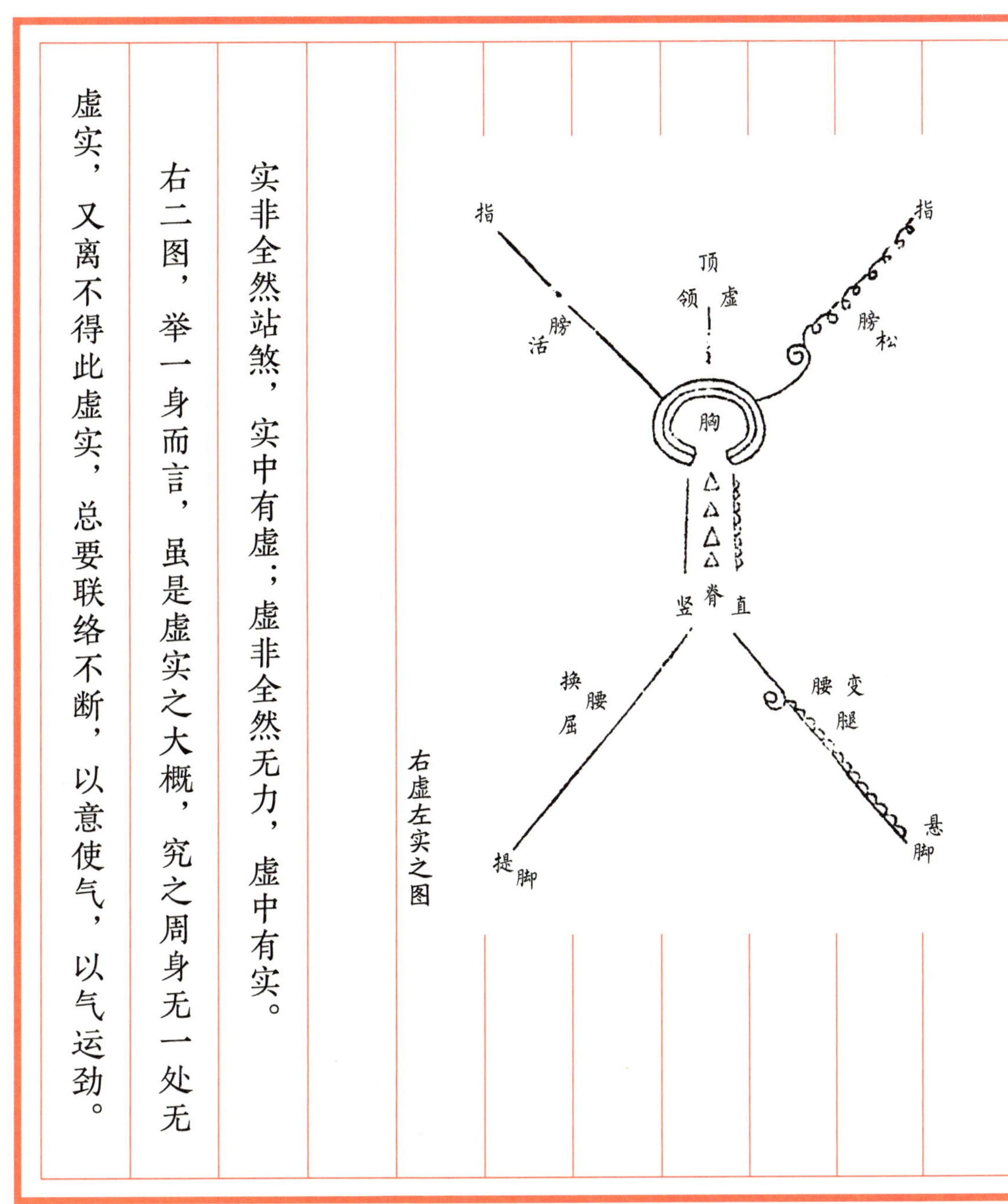

右虚左实之图

实非全然站煞，实中有虚；虚非全然无力，虚中有实。

右二图，举一身而言，虽是虚实之大概，究之周身无一处无虚实，又离不得此虚实，总要联络不断，以意使气，以气运劲。

非身子乱挪，手足乱换也。虚实即是开合。走架打手，着着留心，愈练愈精，工弥久技弥尚矣。

五、撒放秘诀

擎 引 松 放

擎起彼劲借彼力。（中有『灵』字）

引到身前劲始蓄。（中有『敛』字）

松开我劲勿使屈。（中有『静』字）

放时腰脚认端的。（中有『整』字）

『擎、引、松、放』四字，有四不能：脚手不随者不能，身法散乱者不能，一身不成一家者不能，精神不团聚者不能。欲臻此境，须避此病。不然虽终身由之，究莫明其精妙矣。

第七章 河北永年李启轩先生著述

敷字诀解

敷，所谓一言以蔽之也。人有不习此技，而获闻此诀者，无心而白于余。始而不解，及详味之，乃知敷者，包获周匝。人不知我，我独知人。气虽尚在自己骨里，而意恰在彼皮里膜外之间，所谓气未到而意已吞也。妙绝！妙绝！

附录

刊印先祖亦畬公太极拳谱缘起

去年冬，槐荫偕内子玉莹暨儿辈由晋归省。闲与堂兄集五议，拟将先祖手著《太极拳谱》刊印行世。集五兄慨然允襄厥成，遂将其手抄者相示，并重新编次。细阅一过，深佩其心细、功专，遂携稿来晋，以备付印。

先祖初学太极拳于母舅武禹襄先生，既已尽得其传，复以毕生精力苦志钻研。凡一举一动，无时无刻，莫不在锻炼揣摩中，故克臻妙境。是先祖之所以能登峰造极者，实非偶然。

此谱系先祖晚年所著，中经多次修改，方克完成。家严石泉公尝云：『我父每得一势巧妙、一着窍要，即书一纸条贴于座右。「时先祖在里课子侄读书。」比试揣摩，有如科学家之实验。逾数日觉有不妥应修改者，即撕下，另易以他条。往复撕贴，必至神妙正确不可再易始止。久则纸条遍贴满墙。遂集成书。』观此则可知先祖著作此谱时之用力精、行功深，而苦心孤诣、审慎周详尤有别于率尔操觚者已。

吾国拳技之书，甚少佳本。推其原因，大凡习拳技者，多不读书。技艺虽精，教徒系用口授，年久必致失传。间有能文之士，虽有斯志，又以不精拳技，未能写出窍要。故此书之作，精拳技而不文者不能，能文而不精技者亦不能。先祖亦畬公为清季邑庠生，学问深醇，能诗善书，名重一时；而于太极拳，尤能臻于神化，既在心，又在身，故能笔之于书，以传后世。此谱在今日所以有相当价值者，即基于此。现值当道诸公提倡国术，锻炼国民体格，以备御侮雪耻之际，槐荫亦国家一分子，爱国既不敢后人，而于先人遗著，又曷敢隐秘自私？爰刊印行世，聊为提倡国术之助，此则槐荫区区之志耳。

中华民国二十四年仲春

孙槐荫、棠荫　谨识

太极拳谱后序

民国二十三年冬，堂弟子固自晋归省，谈及市间太极拳谱之厥杂，谋刊先伯祖亦畬公辑著秘本，盖欲将多年家藏公诸社会，以广嗜斯术者研究之资料，意至善也。溯自北伐成功，当道诸贤提倡国术，不遗余力，太极一门尤为世人所推崇。秘本中颇多未传精义，必为好者所乐闻，故福荫亦愿襄其成焉。

慨自欧风东渐，我国教育亦标三教并重。学校中有体操、球类、田径赛等等之运动，各县市有公共体育场之建设，更有全国华北运动会之举行，注重体育，已可概见。奈此项运动，或须广阔之场所，或须重大之设备，或须一定之器具，或须相当之团体；

或者过于激烈，或者限于局部。求其不能费锱铢，不择场所，不受器具之束缚，不生过激之危险，有百益而无一害者，可谓绝无也。且吾人在学校时，有运动之机会，或可为健者；出校门后，欲运动而不能，则渐成病夫矣。学者犹如此，何况村夫？青年犹如此，何况老叟乎？此洋种化体育，欲求普及，遍至乡僻，是缘木而求鱼也。反观吾国拳术，种类虽多，太极之外，如形意、八卦、少林，等等，虽举动不同，然皆人人能练。个人能练，团体亦能练之；少者能练，老叟亦能练之；片刻能练，长时亦能练之；广大之场能练，咫尺之地亦能练之。既无设备之费，更无拘束之苦，岂不胜于洋化运动万万哉？福荫学校生活三十年矣，新式运动时尝参加，太极拳术亦曾练习，两相比较，觉实有天渊之别。今舍人人能练之国术而不用，取洋化贵族运动而重之，可伤孰甚？当道诸贤有鉴于此，提倡国术不遗余力，是确非盲目复古，实民族自信心觉醒之表现，故极应重视，而力予襄助也。

太极拳独为世人所推崇者，何也？细审此谱，可以知之矣。谱云『腹松，气敛，心静，神舒』，无不合乎『养生』之道，『卫生』之理。『虚领顶劲，气沉丹田。气向下沉，劲起于脚跟』，是将己之『重心』，移至下部，而『稳定』之理也。『立如平准，活似车轮。偏沉则随，双重则滞』，是己之『支点』只要一个，而『杠杆』之理也。『气易鼓荡，神宜内敛。两手支撑，一气贯串。以意运气，以气运身。一动无有不动，一静无有不静。触之则旋转自如，无不得力』，是全身练成一个气球，使富有『弹性』且易『转动』之理也。『不丢不顶，随曲就伸。粘连黏随，引进落空。左重则左虚，右重则右杳。仰之则弥高，俯之则弥深』，是利用彼力之『惯性』，而使失其『平衡』之理也。『劲起于脚跟，主于腰间，形于手指，发于脊骨。曲中求直，蓄而后发。蓄劲如张弓，发劲如入箭』，则『弹性』之理，而又『动能』与『势能』之理也。『彼不动，己不动；彼微动，己先动。彼有力我亦有力，我力在先；彼无力我亦无力，我意仍在先。人一挨我，我不动彼丝毫，趁势而入，接定彼劲，彼自跌出』，是以柔克刚，不动声色，既合乎『科学』之理，而又洽乎『谦逊』之道也。由此观之，太极拳者系本『科学』之理练己身，并于『谦逊』之中胜敌人。精微奥妙有如此者，其为世人能推崇，岂偶然哉？练之熟则可以健其身，练之精则可以通其神。惟练之熟则甚易，而练之精则甚难耳。

先伯祖亦畬公从武太祖舅父禹襄公习此技。先祖启轩公亦从之学，历数十年，精妙始得，各有著述。先严献南公、先叔信甫公均得家传，日日练之，至老不懈。惟吾家素以诵读为业，总未以此问世。然远近知之者亦大有人在，求拜门下者甚众。本邑郝和、清河葛福来，均从先伯祖学。南宫马静波、清河葛顺成，均从先祖学。光绪戊戌西林岑旭阶太守来守此邦，延先严、先叔授渠诸公子。

时福荫年方七龄，亦从学焉。福荫除受家训外，更受教于师伯郝和。年稍长，求学异地，未能专心于此，以致无所成就，至以为憾。近年来，习此术者甚众，于是问吾家讨秘本者有之；向福荫请教益者有之；外间抄本过多，文字间略有不同，因生疑窦，就吾质正者亦有之。各方求知之切，窃自欣慰。细检家藏各本，文字间亦不相同，章篇或此前而彼后，或此多而彼少。缘先伯祖精求斯技，历四十年，辑本非只一册，著述屡有删改。外间抄本因时间之不同，自难一致耳。先伯祖最后亲笔工楷手抄共三本：一交先祖启轩公，现已残缺；一交门人郝和，现存伊子文桂手；先伯祖自留一本，现存十一叔父逊之公手，此皆完璧也。至于先伯屡次自编原稿，则为十叔父石泉公、十一叔父逊之公所珍藏。当时因无意刊行，于次序之排列未加注意，兹为便于阅览计，不揣冒昧，分为章节，于原文之中未敢增改一字；以福荫之工夫未到，不敢妄加解说也。愿世之好者悉心研究，发扬而光大之。

近闻当道诸公拟列国术为学校正式课程矣，深望早日实现。语云：『上有好者，下必有甚焉者矣。』设以此而国术普及，人人自强，则强国强种之目的可达，而『东亚病夫』之『徽号』可除。如是，此秘本之刊行，其意义更为重大矣！福荫不禁馨香祝祷之焉。

中华民国二十四年一月二十八日

福荫　谨序

太极拳先哲行略

先王父廉泉府君行略

先王父，讳河清，姓武氏，字禹襄，号廉泉。永年人。性孝友，尚侠义。廪贡生，候选训导。兄弟三人：长澄清，咸丰壬子进士，河南舞阳县知县；次汝清，道光庚子进士，刑部员外郎，瞻材亮迹，并声于时；先王父其季也，先王父博览书史，有文炳然，晃埒伯仲，而独摈绝于有司，未能以科名显，然以才干志行为当道所器重。咸丰间，吕文节公贤基，肃书币邀赞戎机，以母老辞。尚书毛公昶熙、巡抚郑元善，又皆礼辟不就，惟日以上事慈闱，下课子孙，究心太极拳术为事。

初道光间，河南温县陈家沟陈姓有精斯术者，急欲往学。维时设帐京师，往返不便，使里人杨福同往学焉。嗣先王父因事赴豫，便道过陈家沟，又访赵堡镇陈清平。清平亦精是术者。研究月余，奥妙尽得。返里后精益求精，遂神乎其技矣。尝持一杆舞之，多人围绕，以水泼之，而身无湿迹。

太极拳自武当张三峰后，虽善者代不乏人，然除山右王宗岳著有论说外，其余率皆口传，鲜有著作。先王父著有《太极拳解》《十三总势说略》，复本心得，阐出『四字诀』，使其中奥妙不难推求，诚是技之圣者也。有子五人：用康郡庠生，候选府经历；

用择同治壬戌举人；用咸县学生，候选鸿胪寺序班；用昭县学生；用极国学生。孙十五人，次孙延绪，光绪壬辰翰林，出宰湖北，多工文学，未深习是术。得其传者，惟李王姑之子李经纶、李承纶兄弟也。

李公兄弟家传

李公亦畬者，直之永年人也。讳经纶，亦畬其字。考贻斋先生，讳世馨，廪贡生，候选训导。同治元年，举孝廉方正，不仕。卒于里第。妣武孺人，为予王姑。生子四：公居长；次二承纶，光绪乙亥举人；次三曾纶；次四兆纶。均有声庠序。次四公前卒。

友白先生，公世父也。无子，以公为嗣。公事世父母，生意承志，一如事其所生父母者。而于所生父母之晨昏安膳，又必省必定，必问必视，未尝一委诸群季。以故两家之父母，一几不知子之非己出，一并忘其子之为人后也。

公承欢之暇，尤嗜读书，文学晐备，名噪一时。弱冠补博士弟子员，应京兆试，一荐不售，遂绝意进取，闭户课子侄读，约束綦严，非有故不得逾阈。尝述其教弟子之旨于先王父禹襄公曰：『孔子曰：惟上知与下愚不移。孟子曰：自暴者不可与有言也，自弃者不可与有为也。窃惟孔子之意，二者之质不数觏，大抵皆中人可与入道，顾视力行何如耳。』

观今世之人，童蒙入塾，垂老无成。其自暴弃，诚有如孔子所云，抑亦为之父兄者中也弃不中、才也弃不才之过也，不则诲之而倦，一暴而十寒也。譬之治田，粪种弗勤，灌溉弗力，耕耨弗深，至苗不实，曰是苗之咎。吾见老农过而笑之。孟子不云乎：五谷者，种之美者也；苟为不熟，不如荑稗。荀子曰：跬步不休，跛鳖千里；累土不辍，邱山崇成。杨子曰：有刀者砻诸，有玉者错诸；不砻不错焉攸用？韩子曰：业精于勤，荒于嬉。之数子者，皆先师大儒。予不敏，窃佩其言，故予课儿辈，一以勤且熟为本。时先王父亦以诗礼训不肖兄弟，闻之深韪其说。王父府君，公所从学拳法者也。先是河南陈某，善是术，得宋张三峰之传。先王父好之，习焉而精，顾未尝轻以授人，恐不善用滋之弊也。惟公来，则有无弗传，传无弗尽。口诏之，颐指之，身形容之，手足提引之，神授而气予之。公亦步亦步，趋亦趋，以目听，以心抚，以力追，以意会，凡或向或背，或进或退，或伸或缩，或萦或拂，无不穷极幼眇，而受命也如响。傥所谓用志不分，乃疑于神者邪。

已而，郑中丞元善督师河南，闻公名，延请入幕。公参赞军务，咸中机要。中丞上吏功于朝，公名列焉。得旨以巡检用矣。公澹泊，无仕宦情，闲关归去。归里后，益不自暇逸，遇有义举，任之罔有缩朒，故当事咸敬悉公，服公有卓识，数以事问策于公。公必统筹全局，谓若何而利，若何而弊，尽达其胸臆所欲语，以期有裨于乡闾而止。如障滏河，修道路，捕蝗蝻，皆公身亲之，啧啧在人口。兹不缕述，述其有功德于民之远且大者，莫如种牛痘一事。盖省三公尤善其术云。

省三公者，贻斋先生之弟三子，讳曾纶者也。生而沉敏，有智略。家故贫，鬻鬻几不继。公忧甚。补诸生后，即从事会稽，得计然术，深明而笃行之。尝先鸡鸣而兴，后斗转而寝。督率曹偶，尽有訾程。事律繇是滋息蕃衍，家赖以康。自奉极约，衣不帛，食不兼味。至遇人有缓急，则赒恤无所吝，若夙负而偿之者。盖深鉴于古昔专利之子，违天理，竭地力，坏人心，背越礼法，以自放其亡等之欲，致亡家败产相随属，而慨然独有意乎苑蠡之为人也。光绪四年，岁大饥，粮价倍平昔五六。邑之匮乏家，或昨生而今死，或朝存而暮亡。妇哭孺号，接于道路。又其甚者，贫儿攫食市上，手屏之即颠。饿夫行乞途中肩摩之，立仆。伤心惨目，不可胜言。嗣复疠气中人，瘟疫大作。医室少生尘之药，匠肆无待价之棺。公怆然动怀，竭己利物，戚族里党中或饔飧不给，必计口授之粟。人死而不能葬，又出槥施之。一时庇其所藾者，未可更仆终。公殊弗自德也，尝语于家曰：人各有能有不能，择一事而行之足矣。故夫敦乡谊，急公务，以与士大夫相接。此伯兄之事，非吾事也。勤著述，精考订，自附古作者之林。此仲兄之事，亦非吾事也。若夫兴产立业，瞻宗恤族，则吾自能之，吾事也。至力不足博施，财不堪济众，而以一艺一术之惠，利生民于无穷，尤吾与伯兄共事之者也。公意盖谓牛痘事。初邑之未得种痘术也，小儿患痘疹，死者亡算。外方人擅是术，公出重资致之，昕夕讲求。家兄亦畬公，尽得其传。公施种在家，亦畬公时游种于外。后来者日众，公不暇给，亦畬公亦归，手以佐公。每及期，公唤名次弟入，亦畬公视浆，公点苗；或亦畬公点苗，公属还浆期。亦畬公固乐善，来即不拒。公且备茶汤，恣人饮啜。或馈之金帛，公峻辞之，亦畬公亦笑却之。及以瓜李来，又勿重忍拂焉，颔受而已。公精烹饪，必躬具鸡黍饷客。亦畬公尤善酒，兼出拇战赌欢，公则代以茶，谈笑佐之。俟客醉饱，始令归。亦畬公嗜饮，顾不以酩酊废事。公无嗜好，事之益勤。亦畲公偶它出，公率儿辈莅其事。公或忧采薪，必召儿辈襄亦畲公。盖公家后进，见之习，闻之稔，又学焉不疲倦，故为之辄当。长太守启，素重公。兄弟闻之曰：嘻！善哉！所好者道也，进乎技矣。遂捐廉立局，延公兄弟任其事。先后二十余年间，全活婴儿以万计。人不忘公兄弟择术之仁，而尤乐道太守之得人而任也。

壬辰秋，母儒人有疾弗豫，公兄弟侍奉汤药，恒通昔不寐。儒人考终，均哀毁逾礼。时八月二十九日也。至十一月八日，亦畲公继卒。十二月十九日，省三公又卒。亦畲公春秋六十有一。省三公五十三。亦畲公子二：宝廉、宝让。省三公子三：宝极、宝相、宝三。宝极廪膳生。

武延绪曰：呜呼！自予王姑之殁也，予祖之兄弟，盖无复存焉者矣。鼎以见王姑者，见予祖，今并王姑不可见矣。抑犹有幸焉，予父兄弟行，各健在无恙也，各能抚柩哭，为予王姑服也。未几而表世父亦畲公卒，未几而表叔父省三公又卒，未几而予又有季父之丧。年不逮期，公家罹凶者三，予身痛哭者四，未尝不哭王姑者哭予祖，又未尝不以哭诸父者哭予父也。顾吾以为人苟不足重轻，死则死耳，而如公兄弟及予季父，皆所谓吾乡不可少之人，既不能得一当以大有为于时，又不幸而不永年于世。微独予两家之戚，抑亦吾乡之不造以至斯也。彼苍者天，歼我良人，胡至此极邪？抑又闻之，哀毁过情，致足殒生，似仁人孝子之死亡，天容不职其咎，然以谓公兄弟则有之，而如予季父者，当丧予王父时，其哀毁未有以异于二公之为也，而顾未尝死，直至今而卒然以死。其谓之何哉？其谓之何哉！呜呼！

杨进士出身翰林院庶吉士里人　武延绪　撰并书

太极拳前辈李亦畬先生轶事

（录《山西国术体育旬刊》）

河北永年县太极拳之泰斗李亦畬先生，在咸同之际全国驰名。先生得其精深于武禹襄先生。禹襄先生得之于陈家沟。而太极拳名家郝为真先生，又亦畬先生之高足也。李先生有文孙，曰李子固，名槐荫，向供职于太原，忠实干练，长于文学，能述其先祖之轶事，极为翔实。今录如左。

（1）有苗兰圃者，公之表弟也，武生有膂力。

某日，公与饮酒后，兰圃公曰：『兄真能打人乎？』

公曰：『弟如乐试，请来打我。』

当时，亦畲公坐椅上，两手扶椅肘。兰圃公用两手扶公肩，竭力按之，曰：『能让我动乎？』

公一哈，曰：『你坐于对面凳上吧。』

言未终，兰已坐凳上矣。

兰圃公曰：『兄双手未动，竟能置我于八尺之外。神乎技矣。』

（2）有葛福来者，清河人。业镖师，精八方捶。

某年过永年，托沿村刘洛香绍介来访，要求比试。公再三谦让，未与动手。

翌年复来，坚欲一试。公再让不获，遂曰：『有门人郝和（即为真先生），尚未学得一半，请与他试。』

即唤郝和至。公曰：『不许郝和动，请君打他。』

福来起手连打三次，反被打出。

福来惭甚，曰：『我业镖师二十年，奔走四方数千里。闻有名家，辄往领教，终未有能胜余者。不意公技之神妙若是也。』

即跪地请其收为门生焉。

（3）某日，公在家有喜庆事，贺客盈门。有老僧者，相貌魁伟，亦来与贺。饮之酒，不辞，席罢告退。亦畲公同启轩公（先生之弟）送之门外。当老僧来时，亦畲公以其为弟友，启轩以其为兄友，均不介意。及送僧去后，互相询问，则均不识，更不知其因何而来。

次日，门人郝和到温姓茶馆品茗。

温姓谓郝和曰：『昨日一老僧到李府贺喜，席散后来此处饮茶，言：「李大先生之武技甚精，洵名不虚传。」温某曰：「李大先生向不与人比手，汝何知之？」「我练拳一生，云游四方，终未遇有敌手。久闻其名，特来造访，适李府有喜庆事，我即贸然往贺。贺毕，李大先生兄弟送我门外。我以二膊让回，李大先生亦以二膊强送。当两方之膊相接触时，我即站立不稳。惜乎吾老矣，不能投拜门下也。」言毕，犹欷歔不置云。』

此郝为真所目睹而详述者。

附录

《永年李氏廉让堂家藏秘本太极拳谱》油印本

（崔虎刚收藏）

太極拳譜

永年李經綸著

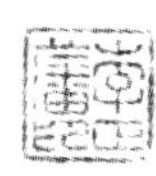

郝序

馬序

太極拳譜目次

第六節　四杆法

第三章　山右王宗岳太極拳論

第四章　歌訣

第一節　各勢白話歌

第二節　十三勢行工歌訣

第三節　打手歌

第四節　打手撒放

第五章　河北永年武禹襄先生著述

一、太極拳解

二、十三勢説畧

三、四字秘訣

第六章　河北永年李亦畬先生著述

一、五字訣 附序

一心靜　二身靈　三氣斂　四勁整　五神聚

二、走架打手行工要言

三、十三勢行工歌解

四、論虛實開合 附圖

五、撒放秘訣

第七章　河北永年李啟軒先生著述

一、敷字訣解

太極拳譜後序

刊印　先祖亦畬公太極拳譜緣起

附錄

邱序

吾國今日　内憂朋興　外患嚴重　國危民困　前此未有　論者謂為科学落後　產業衰微　挽救之道　莫急於經濟建設之推進　雖然　國於大地　物質與精神並重　苟其國民失其立國之宝貴精神　則雖物質充裕　亦僅為[illegible]太富人而已　殊難與世並存　我国數千年來　以無敵国外患之故　不特遺物質　偏重精神　而重文輕武之習慣　深中乎人心　遂致苟安是尚　泄沓成風　演成今日積弱不振之勢　九一八以來　遭亘古未有之变局　經南北兩度之战敗　宜可以全国警惕　發奮有為矣　然而頹廢麻木之風氣　依然瀰漫上下　當激刺初來　未嘗無一時之衝動　形勢稍紓　惰性立見　中年無論矣　即血氣正盛之青年　酣嬉墮落者　固所在多有　此其病因

實由於國民体質不强 意志薄弱 不堪與惡劣环境久抗之故耳
是故論中國今日之病 不僅在物質之貧乏 尤在於精神之不振
救濟之法 一面在物質之建設 一般國民体魄之鍛鍊 遂不可緩 蓋有
强健之体格 而後有强健之精神 始能担當艱難困苦之大事 中国
今日 救亡圖存 建国興國之責 豈一般体質衰弱 精神萎靡之
国民 所能担任 非有堅强之体魄與精神 必難與言战勝惡劣環
境 而獲保安全 是知改善国民体格 造成一般緊張剛勁之新風
氣 實為救濟国難所必取之新方策 欧战战敗後之德国 幾不
国 然德志存復興 以改造国民体格 為国家政策之一 雖小学
生亦受嚴格鍛鍊 時僅十載 德已恢復其世界强国之地位
吾国今日 當知所取法矣

鍛鍊国民体格之方法　在欧美為各項運動與比賽　我国近年對於運動比賽之提倡　亦頗積極　惟每一運動場所之營闢各項運動器具之設置　所費甚鉅　此資本主義社會中之產物非吾地廣人衆　民貧財盡之国　所能普遍舉辦　故所謂運動比賽　亦僅行於学校教育範圍之内　社会大衆　尚難與焉而救国事業　又非全国人民一致動員不可　此則有賴於當国故有国術之提倡矣　蓋吾国国術之相傳　已有數千年之歷史　門類繁多　其旨深　其技絶　变化奇妙　氣象萬千　可以強筋骨健氣魄　通血脈　凝神志者　世界各国　莫與倫比　隨地隨時皆可練習　無場所營闢之煩　即欲購置器具　而所費極微　普遍光大　實為吾民族強健体格　改造精神之唯一良劑　使能提

倡獎進　蔚為風氣　则頹廢萎靡之積習可不掃自除　救亡圖存

又奚他求

惟吾国積習尚文　由來已久　士大夫階級　尤以使拳耍棒為
耻　習拳技者　非為[illegible]　山林隱士　即為保標賣藝　走
江湖之徒　能文而精拳術者更[illegible]寡　以故拳術著作極少　蓋能文
者多不習拳術　精拳術者多不能文　而門户派别之見　又固痼人
心　善良者恐其挾技以為害社会　又不肯輕以其術授人　名師大家
雖代不絕人　而精妙之傳不廣　自科学利器傳入中国後　国術益
不為人重視　老師名家　又相继凋謝　国術真傳亦少　有志学習
者　多以难得訣竅為苦　又無前人著作　可為參悟習練之資
此提倡国術者　所引為憾者也

吾国拳術 向有内外兩家之别 外家宗少林 内家宗武當 蓋以其
習練行功之不同 而為区分也 世言少林創自達摩 武當創自張三峯
三峯之傳 以太極拳為高妙 今世尤慕重之 太極拳者 本太極
陰陽動静之理 而為之拳式者也 非用功勤而通易理者 难臻其妙
永年李亦畲先生 以清季名諸生 学太極拳於母舅武禹襄先生
武先生之技 得自河南温縣趙堡鎮陳清平 陳氏之傳 為清代太極
拳北派之正宗 李亦畲先生 以畢生精力 研習此技 遂臻神化 於
陳氏真傳之外 尤多發明 蓋先生以續学明道之士 而尽粹斯技 宜
其造詣之軼倫絶群也 晚乃以其所得 著為太極拳譜 其中如五字訣
走架行工要言 撃引鬆放等 尤為治太極拳之秘籥 而其取爲精
其用爲宏 直超越乎古今矣 先生文孫槐蔭 慷慨有志之士也 既憤

国难之蔽焉 復不敢隱秘先生之志 於是出先生之著刊印行世 以為今日提倡国術之助 余知此書之出 必將使吾国国術 大放異彩 而有志治太極拳者 得有所遵轍 不至如今日之暗中摸索矣 余固樂為一言 以冠篇首 是為序

中華民国廿四年仲春

山西沁縣卬仰濬拜序

馬序

太極拳術　技而近乎道者也　溯自李唐，以迨明季　抱殘守缺　代有
傳人　而集大成者　則武當張三峯真人也　故又稱武當派　盖別於少
林而言之　沿至清季　分為南北兩宗　南則王征南　張松溪　黄百家
其最著者　北則河南溫縣趙堡鎮陳清平是也　之數人者　輾轉參習
均得三峯之真髓　而近代大河以北　言斯技者　莫不首尊楊班侯
郝為真兩家　班侯露蟬之子也　露蟬親得之於陳家溝陳長興　家學淵
源　祖武無忝　而為真則李亦畬先生之高足也　亦畬先生親受之於其
母舅武禹襄先生　禹襄先生親得其傳於趙堡鎮陳清平　且楊郝皆廣
平府永年人　一派相傳　守而無失　高山仰止　其可欽已　惟在昔習拳
技者　多江湖無識之流　而士大夫研習者　猶甚尠　間或有之　非山

林隱逸之士　即方外釋道之倫　韜光養晦　與世無爭　嚴守禁條　不
欲輕以精妙之技示人　職是之故　閱於歷史之沿革　教授之方法　胥
語焉不詳　甚至以訛傳訛　各執一是　徒為無益之爭　絶鮮發明之妙
蹤等失次　每況愈下　靜焉思之　良堪浩嘆　茲武禹襄先生　為永年
潛修之老儒　而亦畬先生　亦其邑之名諸生也　二公有師生之雅　而
且爲姻戚之誼　故於太極拳法　朝夕研討　循序漸進　既授之以姿勢
復傳之以心法　一旦豁然貫通　如佛家禪机頓悟　物來順應　頭
頭是道　故能於原譜之外　多所發明　提綱挈領　言簡意賅　使習之
者　於先後緩急之中　得其竅要　小之可以延年益寿　大之可以禦侮
保邦　其關係之重大可知已　自民国紀元以來　朝野奮發之士　咸怵
於国勢之不振　民氣之消沉　亟思有以振勵而策勉之　於是乎於斯技

也　大有突飛猛進之象　而最感興趣者　反多高冠博帶之士大　因之
深於理智者　多急於務博求知　而忽於守约苦習　於是陳派也　楊派
也　李郝派也　吴（劍泉）王（茂齋）派也　亦如新興之学術與主義
萬派爭鳴　而莫衷一是　實則各家有各家之心得　各派有各派之特長
循序以進　有恒乃濟　举一反三　全在頓悟　然提要鈎玄　非明澈全
体　而不能精益求精　非沉静有恒而不得　今李氏所宝藏之拳譜　繁
简得宜　審中守正　有為他譜散軼而未收者　有以綜覈參悟而疏解原
論者　有以躬行自得而獨創新義者　如禹襄先生之太極拳解　亦畬先
生之五字訣　以及敷盖對吞之四字秘訣　擎引鬆放之撒放秘訣　虛实
開合之圖　及走架打手行工要言等　皆為他譜所不詳　而武李二先生
之深造　於此可見一班　古譜有云　先求開展　後求緊驟　而緊驟之

中 尤要在不丢不頂 果能如是 則全体大用之效 不待詞費 而自然臻乎上乘矣 然則亦畬先生之於斯技 可為中興之功臣矣 先生有嫡系文孫 名槐蔭 字子固 固余之道義交也 服務并門 素著聲譽 家藏此譜 不輕示人 近以時乱国危 乃欲公之於世 期收大用 於其发刊之始 囑余為文 以叙简耑 噫 淺陋如余 烏足以序此哉 重於子固之請 不敢藏拙 爰略抒鄙見如右 凡有志研習者 果欲精練而深造之 自有原譜在 心誠求之 不恥下問 何难迎刃而解 是全在潛研默証 有恒不輟而已 是為序

時中華民国廿四年花朝日稷山馬甲鼎立伯叙于晋陽僑寓之賓客萬象樓

太極拳譜

第一章　太極拳釋名

太極拳　一名長拳　又名十三勢　長拳者　如長江大海　滔滔不絕也

十三勢者　分掤　攌　擠　按　採　列　肘　靠　進　退　顧　盼　定也　掤攌擠按　即坎　離（此八卦也）　震　兌　四正方也　採列肘靠　即乾　坤　艮　巽　四斜角也　進步退步　左顧右盼　中定　即金　木　水　火　土也　此五行也　合而言之　曰十三勢　是技也　一着一勢　均不外乎陰陽　故又名太極拳

第二章　十三勢架

第一節　身法

涵胸　拔背　裹襠　護肫　提頂　吊襠　鬆肩　沉肘

第二節　十三势架

藍鵲尾　单鞭　提手上势　白鵝亮翅　摟膝拗步　手揮琵琶势　摟膝拗步　手揮琵琶势　搬攬捶　如封似闭　抱虎推山　单鞭　肘底看捶　倒輦猴　白鵝亮翅　摟膝拗步　三甬背　单鞭　紜手　高探馬　左右起脚　轉身　踢一脚　踐步打捶　翻身二起　披身　踢一脚蹬一脚　上步搬攬捶　如封似闭　抱虎推山　斜单鞭　野馬分鬃　单鞭　玉女穿梭　单鞭　紜手下势　更鸡独立　倒輦猴　白鵝亮翅　摟膝拗步　三甬背　单鞭　紜手　高探馬　十字擺連　上步指裆捶　上势藍鵲尾　单鞭　下势　上步七星　下步跨虎　轉脚擺連　弯弓射虎　双抱捶

第三節　十三刀

按刀　青龍出水　風捲殘花　白雲盖頂　背刀　迎坎鬼迷　振脚提刀
披雲望日　避刀　霸王举鼎　朝天一柱香　拖刀敗勢　手揮琵琶勢

第四節　十三杆

攔一杆　青龍出水　童子拜观音　餓虎撲食　攔路虎　拗步　斜劈
風掃梅　中軍出隊　宿鳥入巢　拖杆敗勢　灵猫捕鼠　手揮琵琶勢

第五節　四刀法

裏剪腕　外剪腕　剉腕　撩腕

第六節　四杆法四鎗法同

平刺心窩　斜刺膀尖　下刺脚面　上刺鎖項

以上刀法杆法　俱用第一節身法　總要講究跟勁

第三章　山右王宗岳太極拳論

太極者　無極而生　陰陽之母也　動之則分　靜之則合　無過不及　隨曲就伸　人剛我柔謂之走　我順人背謂之粘　動急則急應　動緩則緩隨　雖變化萬端　而唯理一貫　由着熟而漸悟懂勁　由懂勁而階及神明　然非用力之久　不能豁然貫通焉　虛領頂勁　氣沉丹田　不偏不倚　忽隱忽現　左重則左虛　右重則右杳　仰之則彌高　俯之則彌深　進之則愈長　退之則愈促　一羽不能加　蠅虫不能落　人不知我　我独知人　英雄所向無敵　蓋皆由此而及也　斯技旁門甚多　雖勢有区别　概不外壯欺弱　慢讓快耳　有力打無力　手慢讓手快　是皆先天自然之能　非關学力而有也　察四兩撥千斤之句　顯非力勝　觀耄耋禦衆之形　快何能為　立如秤準　活似車輪　偏沉則隨　双重則滯　每見數年純功　不能運化者　率皆自為人制　双重之病未悟耳　欲

避此病　須如陰陽　粘即是走　走即是粘　陽不離陰　陰不離陽　陰陽相濟　方為懂勁　懂勁後　愈練愈精　默識揣摩　漸至從心所欲　本是舍己從人　多誤舍近求遠　所謂差之毫釐　謬之千里　學者不可不詳辨焉　是為論

解曰　先在心　後在身　腹鬆　氣斂入骨　神舒　体靜　刻刻存心　切記一動無有不動　一靜無有不靜　視靜猶動　視動猶靜　動牽往來氣貼背　斂入脊骨　要靜　內固精神　外示安逸　邁步如猫行　運勁如抽絲　全身意在蓄神　不在氣　在氣則滯　有氣者無力　養氣者純剛　氣如車輪　腰如車軸

又曰　彼不動　己不動　彼微動　己先動　似鬆非鬆　將展未展　勁斷意不斷

第四章　歌訣

第一節　各势白話歌

提頂吊胎心中懸　鬆肩沉肘氣丹田　裹胎護肫循下势　涵胸拔背落白
然　初势左右懶扎衣　双手推出拉单鞭　提手上势望空看　白鵝亮翅
飛上天　摟膝拗步往前打　手揮琵琶躲旁边　摟膝拗步重下势　手揮
琵琶又一番　上步先打迎面掌　搬攬捶兜打胸前　如封似闭往前按
抽身抱虎去推山　回身拉成单鞭势　肘底看捶打腰间　倒攆猴兜重四
势　白鵝亮翅到雲端　摟膝拗步復下势　收身琵琶往向前　接势翻身
三角背　扭頸回頭拉单鞭　紜手三下兩探馬　左右起脚誰敢攔　轉身
一脚栽捶打　翻身二起踢破天　披身退步伏虎势　踢脚轉身緊相連
蹬脚上步搬攬打　如封似闭手向前　抱虎推山重下势　回头再拉斜单

鞭　野馬分鬃往前進　懶扎衣服果然鮮　回身又把单鞭拉　玉女穿梭
四角全　更拉单鞭真巧妙　紜手下势探清泉　更鷄独立分左右　倒輦
猴兒又一番　白鵝亮翅把身長　摟膝前[illegible]往下边　搓势青龍重出水
轉身復又拉单鞭　紜手高探對心掌　十字擺連往後翻　指襠捶兒向下
打　懶扎衣服緊相連　再拉单鞭重下势　上步跳排七星拳　收身退步
拉跨虎　轉脚去打双擺連　海底撈月須下势　彎弓射虎項朝前　懷抱
双捶誰敢進　走徧天下無人攔　歌兮歌兮六十句　不遇知己莫輕傳

第二節　十三势行工歌訣

十三總势莫輕識　命意源頭在腰隙　变轉虛实須留意　氣徧身軀不稍
痴　静中觸動々猶静　因敵变化是神奇　势々存心揆用意　得來不覺
費工夫　刻刻留心在腰間　腹内鬆静氣騰然　尾閭正中神貫頂　滿身

輕利頂头懸　仔細留心向推求　屈伸開合聽自由　入門引路須口授
工用無息法自休　若言体用何為準　意氣君來骨肉臣　詳推用意終何
在　益寿延年不老春　歌兮歌兮百四十　字字真切義無疑　若不向此
推求去　枉費工夫遺歎惜

第三節　打手歌

掤攦擠按須認真　上下相隨人難進　任他巨力來打我　牽動四兩撥千
斤　引進落空合即出　粘連黏隨不丢頂

第四節　打手撒放

掤上平声　業入声　噫上声　咳入声
呼上声　吭　呵　哈

第五章　河北永年武禹襄先生著述

一、太極拳論

[illegible]動 心貴靜 氣須斂 神宜舒 心為令 氣為旗 神為主帥 身
為驅使 刻々留心 方有所得 先在心 後在身 在身則不知手之舞
之足之蹈之 所謂一氣呵成 舍己從人 引進落空 視靜猶動 內固
（四兩撥千斤也須知一動無有不動一靜無有不靜視動猶靜）
精神 外示安逸 須要從人 不要由己 從人則活 由己則滯 尚氣
者無力 養氣者純剛 彼不動己不動 彼微動己先動 以己依人 務
要知己 乃能隨轉隨接 以己粘人 必須知人 乃能不後不先 精神
能提得起 則無双重之虞 粘依能跟得灵 方見落空之妙 往復須分
陰陽 進退須有轉合 机由己发 力從人借 发勁須上下相隨 乃一
往無敵 立身須中正不偏 能八面支撐 靜如山岳 動若江河 邁步
如臨淵 運勁如抽絲 蓄勁如張弓 发勁如放箭 行氣如九曲珠 無
微不到 運勁如百鍊鋼 何堅不摧 形如搏兔之鶻 神似捕鼠之貓

曲中求直 蓄而後发 收即是放 連而不斷 極柔軟 然而極堅剛
能粘依 然而能灵活 氣以直養而無害 劲以曲蓄而有餘 漸至物來
順應 是亦知止能得矣

二、十三势說略

每一動 惟手先着力 隨即鬆開 猶須貫串一氣 不外起承轉合 始
而意動 既而劲動 轉接要一線串成 氣宜鼓盪 神宜內斂 勿使有
缺陷處 勿使有凹凸処 勿使有斷續処 其根在脚 发於腿 主宰於
腰 形於手指 由脚而腿而腰 總須完整一氣 向前退後 乃能得机
得势 有不得机得势処 身便散亂 必至偏倚 其病必於腰腿求之
上下前後左右皆然 凡此皆是意 不是外面 有上即有下 有前即有
後 有左即有右 若物將掀起 而加挫之之力 斷其根自斷 乃壞之

連而無疑　虛实宜分清楚　一處自有一處虛实　處々總此一虛实　週
身節々貫串　勿令絲毫間斷

三．四字秘訣

敷　敷者，運氣於己身敷布彼勁之上使不得動也。

蓋　蓋者，以氣蓋彼來處也。

對　對者，以氣對彼來處認定準頭而去也。

吞　吞者，以氣全吞而入於化也。

此四字無形無声，非懂勁後練到極精地位者，不能知。全是以氣言，能直養氣而無害，始能施於四体，四体不言而喻矣。

第六章　河北永年李亦畬先生著述

一．五字訣附序

太極拳不知始自何人　其精微巧妙　王宗岳論詳且盡矣　彼傳至河南陳家溝　陳姓神而明者　代不數人　我郡南關楊君　愛而往学焉　專心致志　十有餘年　備極精巧　旋里後　市諸同好　母舅武禹襄見而好之　常與比較　伊不肯輕以授人　僅得其大概　素聞豫省懷慶府趙堡鎮有陳姓名清平者　精於是技　逾年　母舅因公赴豫省　过而訪焉　研究月餘　而精妙始得　神乎技矣　予自咸豐癸丑　時年廿餘　始從母舅学習此技　口授指示　不遺餘力　奈予質最魯　廿餘年來　僅得皮毛　竊意其中　更有精巧　茲僅以所得　筆之於后　名曰五字訣　以識不忘所学云

清光緒六年歲次庚辰小陽月識

一曰心靜

心不静 則不專 一舉手前後左右全無定向 故要心靜 起初舉動未能由己 要息心体認 隨人所動 隨屈就伸 不丢不頂 勿自伸縮 彼有力我亦有力 我力在先 彼無力我亦無力 我意仍在先 要刻刻留心 挨何处心要用在何处 須向不丢不頂中討消息 从此作去 一年半載 便能施於身 此全是用意 不是用勁 久之則人為我制 我不為人制矣

二曰身灵

身滯則進退不能自如 故要身灵 舉手不可有呆像 彼之力方碍我皮毛 我之意已入彼骨内 兩手支撑 一氣貫串 左重則左虛 而右已去 右重則右虛 而左已去 氣如車輪 週身俱要相隨 有不相隨处 身便散乱 便不得力 其病於腰腿求之 先以心使身 从人不从己

從身能从心　由己仍是从人　由己則滯　從人則活　能從人　手上便有分寸　秤彼勁之大小　分厘不錯　权彼来之長短　毫髮無差　前進後退　処々恰合　工彌久而技彌精矣

三曰氣斂

氣勢散漫　便無含蓄　身易散亂　務使氣斂入脊骨　呼吸灵通　周身罔間　吸為合為蓄　呼為開為發　蓋吸則自然提得起　亦拏得人起　呼則自然沉得下　亦放得人出　此是以意運氣　非以力使氣也

四曰勁整

一身之勁　練成一家　分清虛实　發勁要有根源　勁起於脚跟　主於腰間　形於手指　發於脊骨　又要提起全付精神　於彼勁將出未發之際　我勁已接入彼勁　恰好不先不後　如皮燃火　如泉湧出　前進後

退　無絲毫散乱　曲中求直　蓄而後发　方能随手奏效　此謂借力打人　四两拨千斤也

五曰神聚

上四者俱備　總归神聚　神聚則一氣鼓鑄　練氣归神　氣势騰挪　精神貫注　開合有致　虛实清楚　左虛則右实　右虛則左實　虛非全然無力　氣势要有騰挪　实非全然占煞　精神要貴貫注　緊要全在胸中腰間運化　不在外面　力從人借　氣由脊发　胡能氣由脊发　氣向下沉　由两肩收於脊骨　注於腰際　此氣之由上而下也　謂之合　由腰形於脊骨　布於两膊　施於手指　此氣之由下而上也　謂之開　合便是收　開即是放　能懂得開合　便知陰陽　到此地位　工用一日　技精一日　漸至從心所欲　罔不如意矣

二. 走架打手行工要言

昔人云 能引進落空 能四兩撥千斤 不能引進落空 不能四兩撥千斤 語甚賅括 初学未由領悟 予加數語以解之 俾有志斯技者 得所從入 庶日進有功矣 欲要引進落空 四兩撥千斤 先要知己知彼 欲要知己知彼 先要舍己從人 欲要舍己從人 先要得机得勢 欲要得机得勢 先要周身一家 欲要周身一家 先要周身無有缺陷 欲要周身無有缺陷 先要神氣鼓盪 欲要神氣鼓盪 先要提起精神 神不外散 欲要神不外散 先要神氣收斂入骨 欲要神氣收斂入骨 先要兩股前節有力 兩肩鬆開 氣向下沉 勁起於脚跟 變換在腿 含蓄在胸 運動在兩肩 主宰在腰 上於兩膊相繫 下於兩跨兩腿相隨 勁由內換 收便是合 放即是開 靜則俱靜 靜是合 合中寓開

動則俱動　動是開　開中寓合　觸之則旋轉自如　無不得力　才能引進落空　四兩撥千斤　平日走架　是知己工夫　一動勢先問自己　周身合上數項不合　少有不合　即速改換　走架所以要慢不要快　打手是知人工夫　動靜固是知人　仍是問己　自己要安排得好　人一挨我　我不動彼絲毫　趁勢而入　接定彼勁　彼自跌出　如自己有不得力處　便是双重未化　要於陰陽開合中求之　所謂知己知彼　百戰百勝也

胞弟啟軒嘗以球譬之　如置球於平坦　人莫可觸摸　強臨其上　向前用力後跌　向後用力前跌　譬喻甚明　細揣其理　非舍己從人　一身一家之明證乎　得此一譬　引進落空　四兩撥千斤之理　可尽人而明矣

三、十三勢行工歌解

以心行氣，務沉着，乃能收斂入骨。所謂命意源頭在腰隙也。

意氣須換得灵，乃有圓活之趣。所謂变轉虛实須留意也。

立身中正安舒，支撑八面，行氣如九曲珠，無微不到。所謂氣遍身軀不稍滯也。

发劲須沉着，鬆静，專注一方。所謂静中觸動動猶静也。

往復須有摺叠，進退須轉換。所謂因敵变化是神奇也。

曲中求直，蓄而後发。所謂勢勢存心揆用意，刻刻留心在腰间也。

精神能提得起，則無遲重之虞。所謂腹内鬆静氣騰然也。

虛領頂劲，氣沉丹田，不偏不倚。所謂尾闾中正神貫頂，滿身輕利頂头懸也。

以氣運身，務順遂，乃能便利從心。所謂屈伸開合聽自由也。

心為令，氣為旗，神為主帥，身為驱使。所謂意氣君来骨肉臣也。

四、論虛實開合

左虛右實之圖

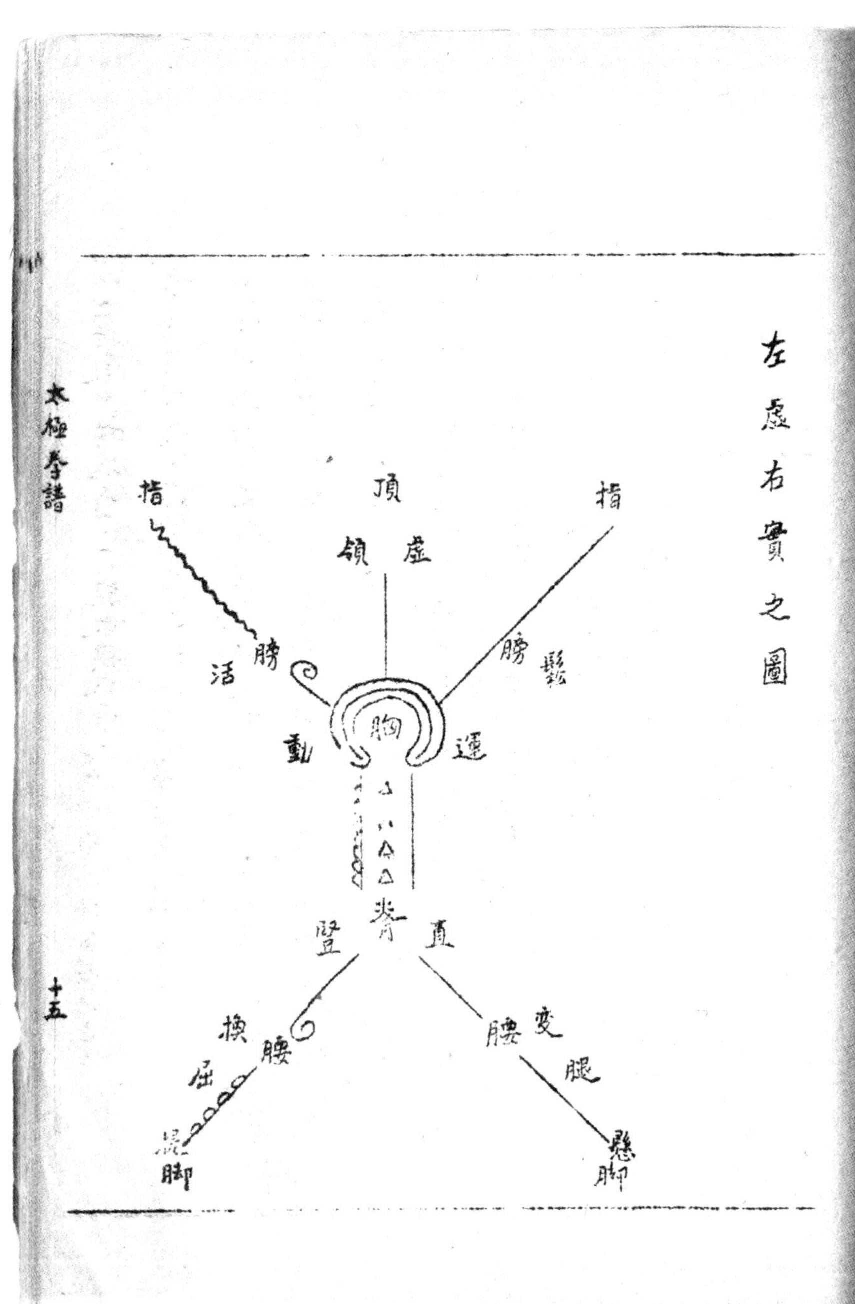

太極拳譜　十五

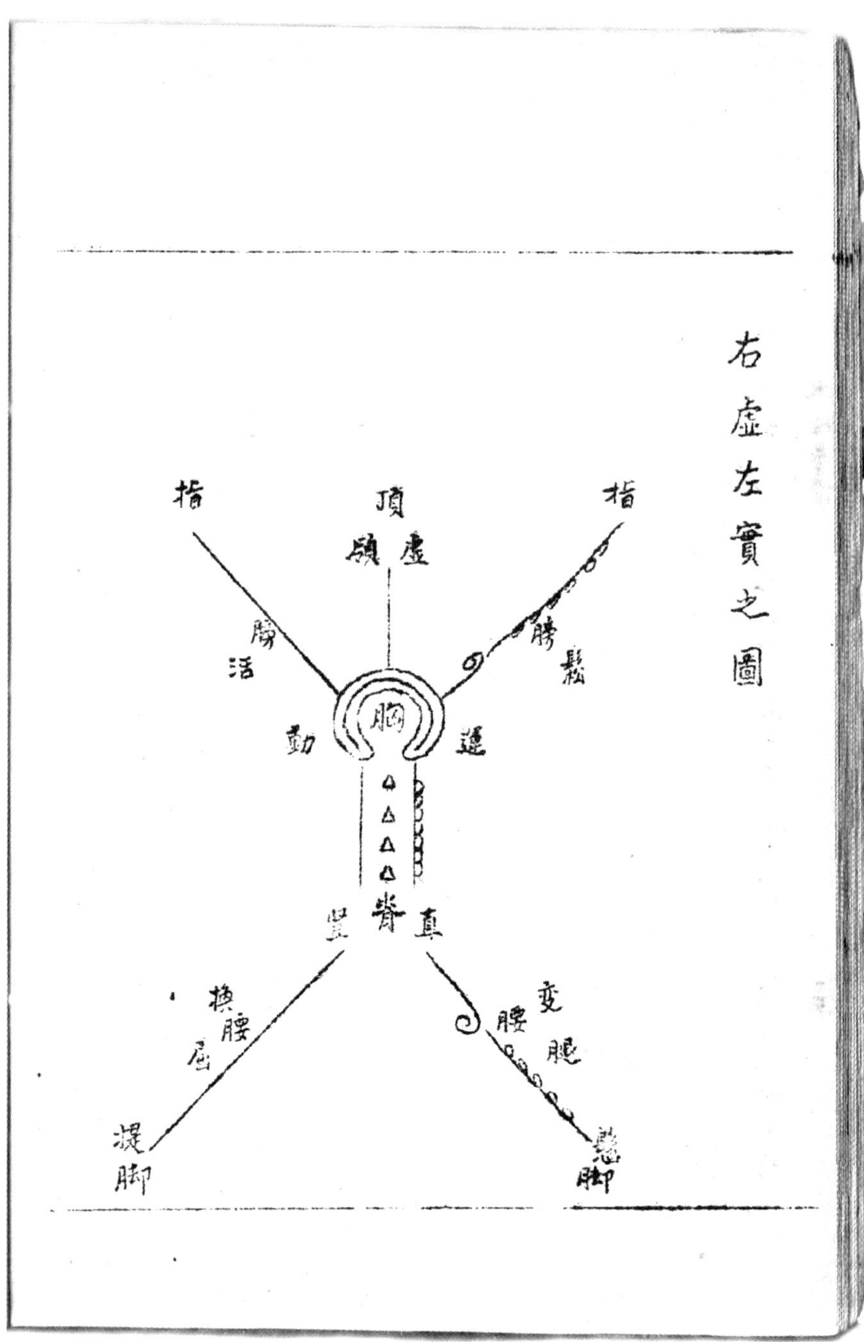

右虛左實之圖

实非全然站煞　实中有虚　虚非全然无力　虚中有实　右二图　拳一身而言　虽是虚实之大概　究之周身　无一处无虚实　又离不得此虚实　总要联络不断　以意使气　以气运动　非身子乱挪　手足乱摇也

虚实即是开合　走架打手着着留心　愈练愈精　工弥久技弥尚矣

五、撤放略訣

擎　引　鬆　放

擎起彼劲借彼力。中有灵字。

引到身前劲始蓄。中有斂字。

鬆開我劲勿使屈。中有静字。

放時腰脚認端的。中有整字。

擎引鬆放四字　有四不能　脚手不随者不能　身法散乱者不能

一身不成一家者不能　精神不團聚者不能　欲練此境　須避此病　不然虽終身由之　究莫明其精妙矣

第七章　河北永年李啟軒先生著述

敷字訣解

敷　所謂一言以蔽之也　人有不習此技　而獲聞此訣者　無心而白於余　始而不解　及詳味之　乃知敷者　包獲周匝　人不知我　我獨知人　氣虽尚在自己骨裏　而意恰在彼皮裹膜外之間　所謂氣未到　而意已吞也　妙绝妙绝

太極拳譜後序

民国廿三年冬 堂弟子固自晋归省 談及世間太極拳譜之龐雜 謀刊先伯祖亦畬公輯著秘本 盖欲将多年家藏公諸社会 以廣嗜斯術者研究之資料 意至善也 溯自北伐成功 當道諸賢 提倡国術 不遺餘力 太極一門 尤為世人所推崇 秘本中頗多未傳精義 必為好者所樂闻 故福蔭亦願勸其成焉

慨自欧風東漸 我国教育 亦標三育並重 学校中有体操 球类 田徑賽等等之運動 各縣市有公共体育場之建設 更有全国華北運動会之举行 注重体育 已可概見 奈此項運動 或須廣濶之場所 或須重大之設備 或須一定之器具 或須相当之團体 或者过於激烈 或者限於局部 求其不能費錙銖 不擇場所 不受器具之束縛 不生过

激之危險　有百益而無一害者　可謂絕無也　且吾人在学校時　有運動之机会　或可為健者　出校門後　欲運動而不能　則漸成病夫矣　学者猶如此　何況耕夫　青年猶如此　何況老叟乎　此種洋化体育　欲求普及　遍至鄉僻　是緣木而求魚也　反觀吾国拳術　種類雖多　太極之外　如形意　八卦　少林等等　雖拳動不同　然皆人人能練　個人能練　團体亦能練之　少者能練　老叟亦能練之　片刻能練之　長時亦能練之　廣大之場能練　咫尺之地亦能練之　既無設備之費　更無拘束之苦　豈不勝於洋化運動萬萬哉　福蔭學校生活三十年矣　新式運動　時嘗參加　太極拳術　亦曾練習　兩相比較　覺實有天淵之別　今捨人人能練之国術而不用　取洋化貴族之運動而重之　可傷孰甚　當道諸賢有鑒於此　提倡国術不遺餘力　是確非當因懷古　實

靈敏與健康體之表現　故極应重視　而力予勸助也

太極拳独為世人所推崇者何也　细審此譜　可以知之矣　譜云　「腹鬆　氣斂　心静　神舒」無不合乎「養生」之道　「衛生」之理　「虚領頂勁　氣沉丹田　氣向下沉　勁起於脚根」是将「己之重心」移於下部而「穩定」之理也　「立如平準　活似車輪　偏沉則隨　双重則滞」是「己之支点」只要一個　而「杠桿」之理也　「氣宜鼓盪　神宜内斂　双手支撑　一氣呵成　以意運氣　以氣運身　一動無有不動　一静無有不静　觸之則旋轉自如　無不得力」是全身練成一個氣球　使富有「弹性」且易「轉動」之理也　「不丢不頂　随曲就伸　粘連黏随　引進落空左重則左虚　右重則右杳　仰之則弥高　俯之則弥深」是利用彼力之「慣性」而使失其「平衡」之理也　「勁起於脚根　主於腰間　形於手指

发於脊骨 曲中求直 蓄而後发 蓄劲如張弓 发劲如放箭』則
『彈性』之理 而又『動能』與『勢能』之理也 『彼不動己不動 彼微動己先動
彼有力我亦有力 我力在先 彼無力我亦無力 我意仍在先 人一
挨我 我不動彼絲毫 趁勢而入 接定彼劲 彼自跌出』是以柔克
剛 不動声色 既合乎『科学』之理 而又洽乎『謀遂』之道也 由此观之
太極拳者 係本『科学』之理練己身 并於『謀遂』中勝敵人 精微奧妙
有如此者 其為世人能推崇 豈偶然哉 練之熟可以健其身 練之精
則可以通其神 惟練之熟則甚易 而練之精則甚难耳
先伯祖亦畲公從武太祖舅父禹襄公習此技 先祖啟軒公亦從之学 歷
數十年 精妙始得 各有著述 先嚴諴南公 先叔信甫公均得家傳
日日練之 至老不解 惟吾家素以誦讀為業 總未以此問世 然遠近

知之者亦大有人在　求拜門下者甚众　本邑郝和　清河葛福來　均從先伯祖学　南宮馬靜波　清河葛順成　均從先祖学　光緒戊戌西林岑旭階太守來守此邦　延　先嚴　先叔　授渠諸公子　時福蔭年方七齡亦從学焉　福蔭深受庭訓外　並受教於師伯郝和　年稍长　求学異地未能專心於此　以致無所成就　至以為憾　近年來習此術者甚众　於是謁吾家討秘本者有之　向福蔭請教益者有之　外間抄本过多　文字間略有不同　因生疑竇　就吾質正者亦有之　各方求知之切　窃自欣慰　細檢家藏各本　文字間亦不相同　章篇或此前而彼後　或此多而彼少　緣　先伯祖精求斯技　歷四十年　輯本非只一冊　著述屢有刪改　外間抄本因時間之不同　自难一致耳　先伯祖最後親筆工楷手抄共三本　一交　先祖啟軒公　現已殘缺　一交門人郝和　現存伊子文

桂手　先伯祖自留一本，現存十一叔父遜之公手　此皆完璧也　至於　先伯祖屢次自編原稿　則為十叔父石泉公　十一叔父遜之公所珍藏　當時因無意刊行　於次序之排列未加注意　茲為便於閱覽計　不揣冒昧　分為章節，於原文之中未敢增改一字　以福蔭之工夫未到　不敢妄加解說也　願世之好者　悉心研究　發揚而光大之

近聞當道諸公擬列國術為學校正式課程矣　深望早日實現　語云「上有好者　下必有甚焉者矣」　誠以此而國術普及　人人自強　則強國強種之目的可達　而東亞病夫之徽號可除　如是此秘本之刊行　其意義更為重大矣　福蔭不禁馨香祝禱之焉

中華民國二十四年一月二十八日福蔭謹序

刊印先祖亦畬公太極拳譜缘起

去年冬　槐蔭偕内子玉瑩暨兒輩由晋归省　開興堂兄集五議　拟將先祖手著太極拳譜　刊印行世　集五兄慨然允襄厥成　遂將其手抄者相示　並重新编次　細閲一过　深佩其心細　功專　遂攜稿來晋　以備付印

先祖初学太極拳於母舅武禹襄先生　既已尽得其傳　復以畢生精力苦志鑽研　凡一舉一動　無時無刻　莫不在鍛鍊揣摩中　故克臻妙境　是先祖之所以能登峯造極者　实非偶然

此譜係先祖晚年所著　中經多次修改　方克完成　家嚴石泉公嘗云「我父每得一势巧妙　一着穩妥　即書一紙條貼於座右「時先祖在里課子侄讀書」比試揣摩　有如科学家之实驗　逾數日覺有不妥應修改

者　即撕下　另易以他條　往復撕貼　必至神妙正確不可再易始止
久則紙條遍貼滿墻　遂集成書也　觀此則可知先祖著作此譜時之用力
精　行功深　而苦心孤詣　審慎周詳　尤有别於空而操觚者已
吾国拳技之書　甚少傳本　推其原因　大凡習拳技者　多不讀書　技
藝虽精　然徒係口授　年久必致失傳　間有能文之士　虽有斯志
又以不精拳技　亦能窺其奥要　故此書之作　精於技而不文者不能
能文而不精拳技者亦不能　先祖亦畲公為清季邑庠生　學問深醇　能
詩善書　名重一時　而於太極拳尤能臻於神化　既在心　又在身　故
能筆之於書　以傳後世　此譜在今日　所以有相當價值者　即基於此
現值當道諸公　提倡国術　鍛鍊国民体格　以備禦侮雪恥之際　愧落
亦国家一份子　愛国既不敢後人　而於先人遺著　又何敢隱秘自私

附錄

太極拳先哲行略

先王父廉泉府君行略

先王父　諱河清　姓武氏　字禹襄　號廉泉　永年人　性孝友尚俠義　廩貢生　候選訓導　兄弟三人　長澄清　咸豐壬子進士　河南舞陽縣知縣　次汝清　道光庚子進士　刑部員外郎　瞻材亮迹　並著於時　先王父其季也　先王父博覽書史　有文炳然　晃晃堦伯仲而獨擯絕於有司　未能以科名顯　然以才幹志行　爲當道所器重　咸豐間　呂文節公賢基　肅書幕邀贊戎机　以母老辭　尚書毛公昶熙巡撫鄭元善　又皆禮辟不就　惟日以上事慈闈　下課子孫　究心太極拳術爲事　初道光間河南溫縣陳家溝陳姓　有精斯術者　急欲往學

維時設帳京師　往返不便　使里人楊福同往学焉　嗣先王父因事赴豫便道過陳家溝　又訪趙堡鎮陳清平　清平亦精是術者　研究月餘奧妙尽得　返里後精益求精　遂神乎其技矣　嘗持一桿挑之　多人圍繞　以水潑之　而身無濕跡　太極拳自武当張三峯後　虽善者代不乏人　然深山右王宗岳　著有論説外　其餘率皆口傳　鮮有著作　先王父著有太極拳解　十三總势説略　復本心得　闡出四字訣　使其中奧妙　不難推求　誠是技之聖者也　有子五人　用康郡庠生　候選府經歷　用懌同治丁卯舉人　用咸縣学生　候選鴻臚寺序班　用昭縣学生孫十五人　次孫延緒　光緒壬辰翰林　出宰湖北　多工文学　未深習是術　得其傳者　惟李王姑之子李經綸　李承綸兄弟也

中華民国廿三年閏逢閹茂大吕所編之月　八孫萊緒謹述

李公兄弟家傳

李公亦畬者　直之永年人也　諱經綸　亦畬其字　考貽斋先生諱世馨　廪貢生　候選訓導　同治元年　举孝廉方正　不仕　卒於里第　妣武孺人　爲予王姑　生子四　公居長　次二承綸　光緒乙亥举人　次三曾綸　次四兆綸　均有声庠序　次四公前卒　友白先生　公世父也　無子　以公爲嗣　公事世父母　先生意承志　一如事其所生父母者　而於所生父母之晨昏安膳　又必省必定　必問必視　未嘗一委諸群季　以故兩家之父母　一家不知子之非己出　一并忘其子之爲人後也　公承歡之暇　尤嗜讀書　又學賅備　名噪一時　弱冠補博士弟子員　应京兆試　一薦不售　遂絶意進取　閉户課子姪讀　約束綦嚴　非有故不得踰閾　嘗述其教弟子之旨於先王父武襄公曰　孔子曰

惟上知与下愚不移　孟子曰自暴者不可与有言也　自棄者不可与有為也　窃惟孔子之意　二者之質不數覯　大抵皆中人可与入道　顧視力行何如耳　覯今世之人　童蒙入塾　垂老無成　其自暴棄　誠有如孔子所云　抑亦為之父兄者中也棄不中　才也棄不才之过也　不耐誨之而倦　一暴而十寒也　譬之治田　糞其種非勤　灌溉弗力　耕耨弗深至苗不實　曰是苗之咎　吾見老農过而笑之　孟子不云乎　五穀者種之美者也　苟為不熟　不如荑稗　荀子曰　蹞步不休　跛鱉千里累土不輟　丘山崇成　楊子曰　有刀者礲諸　有玉者錯諸　不礲不錯焉攸用　韓子曰　業精於勤　荒於嬉　之數子者　皆先師大儒　予不敢　窃佩其言　故予課兒輩　一以勤且熟為本　時先王父亦以詩礼訓不肖兄弟　聞之深韪其説　王父府君　公所以学拳法者也　先是河南

陳某善是術，得宋張三峯之傳。先王父好之，習焉而精。願承宗輕以授人，恐不善用滋之弊也。惟公來，則有無弗傳，傳無弗盡。口詔之，願指之，身形容之，手足提引之，神授而氣予之。公亦步亦趨，以目聽，以心摩，以力追，以意会。凡或向或背，或進或退，或伸或縮，或縈或拂，無不窮極幻眇，而受命也如響。備所謂兩忘不分，乃疑于神者耶。己酉鄭中丞元善督師河南，聞公名，延請入幕。公參贊軍務，咸中机宜，[illegible]上奏功於 朝，公名列焉，得旨以巡檢用矣。公澹泊無仕宦情，請假回去。旧里後，益不自暇逸，遇有義舉任之，固有縮朒，故当事咸敬畏公，服公有卓識，數以事問策於公。公必統籌全局，謂者何而利，若何而弊，悉達其[illegible]所欲語，以期有裨於鄉閭而止。如障一雨河，修道路，捕蝗蝻，皆公身親之，嘖嘖在人口。

茲不縷述　述其有功德於民之遠且大者　莫如種牛痘一事　蓋省三公尤善其術云

省三公者　貽齋先生之第三子　諱曾綸者也　生而沈敏　有智略　家故貧　饔飧幾不繼　公弱冠　補諸生後　即從事於[illegible]　[illegible]術　深明而篤行之　嘗先鷄鳴而興　後斗轉而寢　督率曾[illegible]　咸有常程　事律繇是滋息蕃衍　家賴以康　自奉極約　衣不帛　食不兼味　至遇人有緩急　則賙卹無所吝　若夙負而償之者　蓋深鑒於古昔專利之子　違天理　竭地力　壞人心　僭越禮法　以自放其亡等之欲　致家敗產蕩隨虧　而慨然獨有意乎范蠡之為人也　光緒四年　歲大飢　糧價倍平昔五六　邑之屢空之家　或昨生而今死　或朝存而暮亡　婦哭孺號接於道路　又有甚者　貧兒攫食市上　手屏之即顛　餓死行乞道[illegible]

府學之立仆　傷心慘目　不可勝言　嗣復兵亂中人　瘟疫大作　匠室少生塵之藥　匠肆無待價之棺　公愴然動怀　竭己利物　戚族里鄰中貧餐窮不給　必計口授之粟　人死而不能葬　又出櫝施之　一時託其而賴者　未可更僕終　公殊不自德也　嘗語於家曰　人各有能有不能　擇一事而行之足矣　故夫敎鄉誼　急公務　以與士大夫相接　此伯兄之事　非吾事也　勤著述　精考訂　自樹古作者之林　此仲兄之事　亦非吾事也　若夫興產立業　略宗恤族　則吾自能之　吾事也　至仁不足博施　財不堪濟衆　而以一藝一術之惠　利生民於無窮　尤吾與伯兄共事之者也　公意蓋謂牛痘事　初邑之未得祛痘術也　小兒患痘疹　死者亡算　外方人擅是術　公出重貲致之　晰夕講求　盡得其傳　公施種在家　亦命公晴游種在外　後來者日衆　公不暇給　亦命

公亦归 手以旋公 每至期 公唤名次第入 亦畬公脉毕 公点茴
或亦畬公点茴 公属适煞期 亦畬公固乐善 辛即不拒 公且備茶湯
恣人飲啜 或餽之金帛 公峻辭之 亦畬公亦笑却之 反以瓜李來
又勿重恳挢焉 領受而已 公精烹飪 必躬具鷄黍餉客 亦畬公先善
酒 兼出拇戰錯欢 公則代以茶 談笑佐之 俟客醉飽 始令归 亦
畬公嗜飲 顧不以酩酊廢事 公無嗜好 事之益勤 亦畬公偶宅出
公率兄弟肄其事 公或受承新 必召兄弟襄亦畬公 蓋公家後進 見
之習 聞之稔 又学焉不罷勸 故為之輟当 長太守啟 素重公兄弟
聞之曰 譆善哉 所好者道也 進乎技矣 遂捐廉立局 延公兄弟
任其事 先後二十餘間 全活嬰兒以萬計 人不忘公兄弟擇術之仁
而尤樂道太守之得人而任也 壬辰秋 毋孺人有疾弗豫 公兄弟侍奉

湯藥　恒通夕不寐　孺人考終　均竟毀遊乱　時八月廿九日也　至十
一月八日　亦畲公繼卒　十二月十九日　省三公又卒　亦畲公春秋六
十有一　省三公五十三　亦畲公子二　宝廉　宝讓　省三公子三　宝
極　宝桐　宝三　宝極廩膳生
武廷謹曰　嗚呼　自予王姑之殉也　予祖之兄弟　盖無一存焉者
矣　嗣以見王姑者　見予祖　今並王姑不可見矣　抑猶有幸焉　予父
兄弟行　各健在無恙也　各能極臣哭　爲予王姑服也　未幾而表世父
亦畲公卒　未幾而表叔父省三公又卒　未幾而予父有李父之喪　年不
遠祺公家罹凶者三　予身痛哭者四　未嘗不以哭王姑者哭予祖　又未
嘗不以哭諸父者哭予父也　顧吾以爲人苟不足重輕　死則死耳　而如
公兄弟尽予季父　皆所謂吾鄉不可少之人　既不能一當以大有爲於時

又不幸而不永年於世 微獨予兩家之戚 抑亦吾鄉之不造以至斯也 彼蒼者天 殲我良人 胡至此極耶 抑又聞之 哀毀逾情 致足殞生 似仁人孝子之死亡 天寧不戢其咎 然以謂公兄弟則有之 而如予季父者 當喪予王父時 其哀毀未有以異於二公之為也 而顧未嘗死 直至今而卒然以死 其謂之何哉 其謂之何哉 烏虖

賜進士出身翰林院庶吉士里人武延緒譔并書

郝為真先生行畧

府君郝氏 諱和字為真 河北永年人 生而穎悟 秉性誠孝 讀書數過輙不忘 塾師異之 未幾家道中落 乃廢学経商 以養双親 先意承歡 必敬必恭 孝声斐于鄉党 迨先王父殁 又遵囑於縣邑南關近郊 擇地為塋 以安窀穸

府君于奉親経商之餘 酷嗜拳藝 好讀書 先習外家拳 後以其不柱妙灵活 非幹技上乘 改習太極拳 從邑紳李亦畬先生學 潛心致志二十年如一日 造詣精绝 猶不自矜 每有来訪者 府君當謙遜和藹 無凌人氣 偶与之較 輙能遂手奏效 奧妙莫可言喻 以是訪者必拜為師而後去 府君亦必諄諄教導 不遺餘力 學拳藝者 無士農無遠近 咸師事焉 以故桃李滿門 演為一派 流傳弗替

府君性訥樸　黜紛華　不慕荣利　清光緒末年　直隸總督袁公　聘府君教其子侄　使使持書來　却之　又託邑紳胡太史月舫　就近敦劝　辛以病辭　其守身之嚴　類如此　民国初　府君入京訪友　適武術学社成立　屢聘為教授不就　完縣孫福全　即於是年執弟子礼　[illegible]府君患腹瀉　返里　吾永省立中学校　暨縣立高級小学校　聞府君已歸　遂來延聘　府君以情固辭　不獲辭　乃兼充兩校武技教授　時年六十餘矣　頗好古書　授課畢　退居齋内　現古人格言及各種史書　寒暑不易　故人咸服其誠　校内学生　有時相聚為戏　見府君自外來　遂相戒曰　郝先生至矣　率走散　府君七十二而卒　衆弟子來哭曰　吾輩從先生遊　敬畏先生之容顏　不敢自暇自逸　今且老獲死于床　是亦先生之賜也　吾儕所得於先生者　豈独拳藝哉　既葬　門人李福蔭

韓定明 賈振宗等 思慕不忘 立石墓前 以為紀念 并陳俎豆而祀之 此府君生平之大略也

田
易文桂謹述
林

太極拳前輩李亦畬先生軼事（錄山西國術体育旬刊）

河北永年縣太極拳之泰斗李亦畬先生 在咸同之際 全国馳名 先生得其精深於武禹襄先生 禹襄先生得之於陳家溝 而太極拳名家郝為真先生 又亦畬先生之高足也 李先生有文孫曰李子固 名槐蔭 向供職于太原 忠实幹練 長于文学 能述其先祖之軼事 極為翔实 今錄如左

1. 有苗蘭圃者 公之表弟也 武生有膂力 某日公与飲酒後 蘭圃公曰 兄真能打人么 公曰 弟如樂試 請來打我 当時亦畬公坐椅上 兩手扶椅肘 蘭圃公用兩手扶公肩 竭力按之 曰 能讓我動乎 公一哈曰 你坐於对面櫈上吧 言未終 蘭已坐櫈上矣 蘭圃公曰 兄双手未動 竟能置我於八尺之外 神乎技矣

2. 有葛福来者　清河人　業標師　精八方捶　某年过永年　託浯村刘洛香紹介来訪　要求比試　公再三謙讓　未与動手　翌年復来　堅欲一試　公再讓不獲　遂曰　有門人郝和（即為真先生）尚未学得一半　請与他試　即喚郝和至　公曰　不許郝和動　請君打他　福来起手連打三次　反被打出　福来慚甚曰　我業標師二十年　奔走四方數十里　闻有名家　輒往領教　終未有能勝余者　不意公技之神妙若是也　即跪地請其收為門生焉

3. 某日公在家有喜慶事　賀客盈門　有老僧者　像貌魁偉　亦来与賀　飲之酒　不辞　席罷告退　亦畬公同啟軒公（先生之弟）送之門外　當老僧来時　亦畬公以其為弟友　啟軒公以其為兄友　均不介意　及送僧去後　互相詢問　則均不識　遂不知其因何而来　次日門人郝

和到温姓茶館品茗　温姓謂郝和曰　昨日一老翁到李府賀喜　席散後
來此處飲茶　言李大先生之武技甚精　洵名不虛傳　温某曰　李大先
生向不与人比手　汝何知之　我練拳一生　雲遊四方　終未遇有敵手
久聞其名　特來造訪　適李府有喜慶事　我即冒然往賀　賀畢　李
大先生兄弟送我門外　我以二膊讓回　李大先生亦以二膊往送　當兩
方之膊相接觸時　我即站立不穩　惜乎吾老矣　不能投拜門下也　言
畢　猶欷歔不置云　此郝為真所目睹而詳述者

亦畬先生之高足郝為真先生之軼事

1、民国三年秋 郝先生应友人之約 至北京遊覧 抵京後 寓武術学社 該社多係形意名家 先生賦性和藹 言語謙恭 向無門戶之見 与衆人處 甚相得 惟總不与人交手 有孫祿堂者 名福全 河北完縣人 長於形意八卦各拳 因聞先生名 願拜門牆 先生謙遜不獲 略与講解 祿堂即心悦誠服 侍奉甚殷 時先生因水土不服 患泄痢 夜半如廁 祿堂常扶之行 先生稍用意 祿堂即站立不穩 因曰 吾師泄痢多日 日必十數次 猶能玩我若弄嬰兒 使我可技 為半可 但惜吾師不能常住京城 令弟子朝夕受教也 先生留京二月餘 即归里 就河北省立中學武術教員（校址在永年城内）

2、永年城西北洺陽村 有郝壽者 長於外家砲工拳 手能绝鉄鍊

身能遏猛烈之滚石　每与人鬥　輒勝　因思与先生略試其技　及晤面時　先生曰　我不動　請來打我　壽出手甫挨其身　即跌出五尺之外　再試再跌　心始誠服　再四懇求　始拜門下

立伯按：近代太極拳　共分三派　一曰河南陳家溝　二曰永年楊露禪家（其子班侯技最精妙能臻化境）三曰永年郝派　郝為真先生而師事李亦畬先生者也　陳家溝太極拳為此發源地　楊郝兩家　向未聞名　而郝派尤長於應用　至練習方法　亦較簡捷　其所授架式　最為緊湊　如乾枝老梅　枝葉全無　圈兒小　路數最簡便　而又最經濟　洵不負武李兩家之教授也　故今之述兩派者　必追溯及李家与武家　蓋武李兩先生皆為書香世家　故發揮精義頗多　真太極拳之功臣也

連環劍

(一)進步崩劍(刺心)
(二)退步剪形(護肘)
(三)進步裏砍(護左身)
(四)進步刺劍(刺頭)
(五)轉身劈劍(分頭刺)
(六)進步砲劍(刺胸)
(七)退步鉤挂藏身(護左右身)
(八)進步托劍(撩膽)
(九)進步陰手剪腕(刺腹)
(十)進步崩劍
(附)轉身剪腕

路線

收
10 附
9
8
4 6
3 7
5
1 2
開

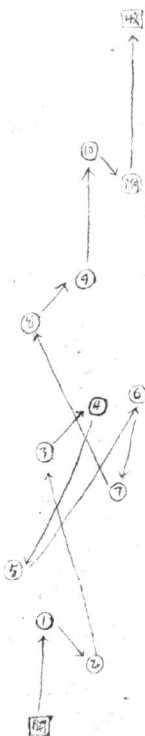

永年李氏康讓堂家藏秘本太極拳譜

民国二十五年十二月 雨三代抄於永中

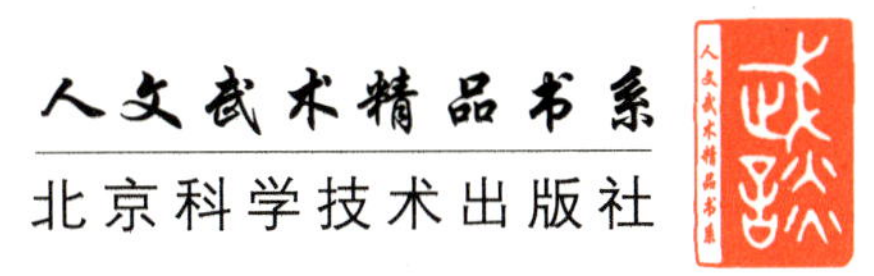

武学名家典籍丛书

杨澄甫武学辑注 《太极拳使用法》《太极拳体用全书》	杨澄甫　著 邵奇青　校注
孙禄堂武学集注 《形意拳学》《八卦拳学》《太极拳学》 《八卦剑学》《拳意述真》	孙禄堂　著 孙婉容　校注
陈微明武学辑注 《太极拳术》《太极剑》《太极答问》	陈微明　著 二水居士　校注
薛颠武学辑注 《形意拳术讲义上编》《形意拳术讲义下编》 《象形拳法真诠》《灵空禅师点穴秘诀》	薛颠　著 王银辉　校注
陈鑫陈氏太极拳图说（配光盘）	陈鑫　著　陈东山　陈晓龙　陈向武　校注
李存义武学辑注 《岳氏意拳五行精义》 《岳氏意拳十二形精义》《三十六剑谱》	李存义　著 阎伯群　李洪钟　校注
董英杰太极拳释义	董英杰　著　杨志英　校注
刘殿琛形意拳术抉微	刘殿琛　著　王银辉　校注
李剑秋形意拳术	李剑秋　著　王银辉　校注
许禹生武学辑注 《太极拳势图解》 《陈氏太极拳第五路·少林十二式》	许禹生　著 唐才良　校注
张占魁形意武术教科书	张占魁　著　王银辉　吴占良　校注
王茂斋太极功	李培刚　辑校
太极拳正宗	杜元化　著　王海洲　点校
太极拳图谱（光绪戊申陈鑫抄本）	陈鑫　著　王海洲　藏
陈金鳌传陈式太极拳暨手抄陈鑫老谱	陈金鳌　编著　陈凤英　辛爱民　收藏 吴颖锋　薛奇英　点校
黄元秀武学辑录 《太极要义》《武当剑法大要》 《武术丛谈续编》	黄元秀　编著 崔虎刚　点校

武学古籍新注丛书

王宗岳太极拳论	李亦畲 著 二水居士 校注
太极功源流支派论	宋书铭 著 二水居士 校注
太极法说	二水居士 校注
手战之道	赵晔 沈一贯 唐顺之 何良臣 戚继光 黄百家 黄宗羲 著 王小兵 校注

百家功夫丛书

张策传杨班侯太极拳108式(配光盘)	张 喆 著 韩宝顺 整理
河南心意六合拳(配光盘)	李洳波 李建鹏 著
形意八卦拳	贾保寿 著 武大伟 整理
王映海传戴氏心意拳精要(配光盘)	王映海 口述 王喜成 主编
张鸿庆传形意拳练用法释秘	邵义会 著
华岳心意六合八法拳	张长信 著
戴氏心意拳功理秘技	王 毅 编著
传统吴氏太极拳入门诀要(配光盘)	张全亮 著
吴式太极拳八法(配光盘)	张全亮 马永兰 著
拳疗百病——39式杨氏养生太极拳(配光盘)	戈金刚 戈美葳 著
尚济形意拳练法打法实践	马保国 马晓阳 著
非视觉太极——太极拳劲意图解	万周迎 著
轻敲太极门——太极拳理法与势法	万周迎 著
冯志强混元太极拳48式	冯志强 编著 冯秀芳 冯秀茜 助编
刘晚苍传内家功夫与手抄老谱	刘晚苍 刘光鼎 刘培俊 著
赵堡太极拳拳理拳法秘笈	王海洲 著
京东程式八卦掌	奎恩凤 著
功夫架——太极拳实用训练	朱利尧 著
道宗九宫八卦拳	杨树藩 著
三十七式太极拳劲意直指	张耀忠 张林 厉勇 著
说手——太极拳静思录(全四卷)	赵泽仁 张云 著
太极拳心法体用——验证与释秘	宋保年 杨光 著
宋氏形意拳及内功四经精解	车润田 著 车铭君 车强 编著
陈式太极拳第二路——炮锤	顾留馨 著
孙式太极拳心解:三十年道功修习体悟	张大辉 著
王文魁传程氏八卦掌精要	王雪松 编著
吴式太极拳三十七式诠真	王培生 著